心智與思想控制

無意行動、催眠控制、身體態度、焦慮習慣、道德辨別，心理學大師亞倫‧克萊恩談行為與思維

(Aaron Martin Crane)

亞倫‧克萊恩——著

孔謐——譯

RIGHT AND
WRONG THINKING
AND THEIR RESULTS

「每一種思想都會帶來相應的結果。」
心智是人類行為的絕對控制者，
就像是一部引擎，指引著我們做出「任何」事情 ——

清除錯誤思想 × 形成道德判斷 × 運用心智能量，實現自己最大的潛能，成為自身命運的控制者！

目錄

CONTENTS

前言

　　幾年前，我就開始以一種基本的思想為基礎來構思這本書，此後這樣的思想慢慢成形。在接下來的幾年裡，我將這一基本思想以及相關聯的一些思想都集合起來，在各種不同的演說場合，面對著不同的聽眾進行闡述。當然，對於將這些內容集結成書、出版發行，我的內心依然忐忑不安，因為當前這本書的思想並非十分完善，這些思想依然在不斷拓展。但是，看到很多讀者按照書中的內容進行實踐獲得了不俗的改變，這又讓我感受到了無上的榮耀，所以我懷著真摯的情感，希望能夠將這本書寫好，為更多的讀者帶來幫助。

　　在人生這所學校裡，我們所學到的第一堂課，就是了解自身的個性或者性格，從而對自己的真實價值有一個比較客觀的了解，這可以幫助我們更好的運用自身的長處，避免放任自己的弱點橫行。一個人應該透過對自身情況的了解以及對自身進行的思考，進而按照自身的思維方式、外在形象以及談話的方式，去將自身的能量展現出來。每個人都有責任將自身的能量最大化的發揮出來，而要想做到這一點，就必須要對自己有著更為全面與充分的認知。本書就是要協助讀者實現這個目標。

PREFACE

　　在我們生活的這個世界上，有兩種截然不同的影響，分別是善意的影響與惡意的影響、和諧的影響與不和諧的影響，這樣的影響幾乎充斥著人類的生活，塑造並影響著所有人的一切行為。在這兩種影響當中，其中一種影響被消除了，另外一種影響依然還會存在。如果不和諧的影響被我們消除了，那麼我們的內心就會只剩下和諧的影響。善意與絕對和諧的影響必須是持久的，因為這樣的影響都是源於神。每個人每天都要做的很重要的一件事，就是消除邪惡或者不和諧的影響，從而讓自己變得更好。這也包括了我們需要不斷進行自省、自我提升以及不斷獲得進步。

　　這本書的大部分內容都專注於闡述一些人們能夠擺脫的外在事物，從而更好的感受積極的影響。當我們將所有阻礙自身變得更好的思想去除時，就能夠看到一個絕對完美的真正之人的雛形，這樣一個完美的人就是造物主賜給他的。在那個時候，他就會感覺到，純潔與完美的神性高度原來是可以攀登的，而在之前，他肯定會認為這是不可能實現的。

　　還有另外一個話題，要比這個話題更有吸引力，它能幫助每個人將自身完美的神性全部展現出來。當然，這本書將在以後出版。

第一章　簡介

　　現在，雖然有很多學者或者專家將大量的精力投入到對心智及其帶來的行動的一般性研究中，不過在人類歷史上，心智透過思考所具有的富有建構性以及創造性的能力，已經存在很長一段時間，也被許多人所認可了。但直到現在，思考對於人類所具有的緊密與直接的關係，我們只是剛剛有所認識。心智能量的限制，到現在依然尚未被我們清晰的認知，但隨著我們的知識以及了解的範圍不斷拓展，認知必然會更加深入。

　　無知與理智之間的區別、野蠻人與文明人之間的區別，都在於心智以及心智所帶來的影響。人類所形成的各種習俗或者習慣，無論是簡單的還是複雜的，都是心智活動本身的一種呈現。雖然很多人都將其視為其他一些原因所導致的，但是歸根結柢，還是源於思考的結果。服裝演進的無聲歷史就可以充分說明這一點。從遠古時代野蠻人所穿的衣服到現在人們所穿的衣服，這個過程顯然是發生了天翻地覆的變化。原始人所穿的衣服看似非常簡單，但從整體上來說卻又是相當複雜的，特別是就衣服的某些細節而言。衣服演進的歷史，其實就是人類的心智在解決這個問題上所表現出來的智慧，進而對此採取了一系列行動去加以改變的典型例子。當然，這只是人類充分運用心智能量去解決人類諸多需求的一個表現而已。

　　誠然，我們的工廠與宮殿、我們的廟宇與我們的家，這些都是運用地球上已有的物質去建構的，但是人類卻能夠在心智

的影響之下，去將這些物質變成我們想要看到的各種形態，最終呈現出來的形態多少是具有某種美感的。我們的城市或者鄉村的一些雄偉的建築就能夠充分展現這一點。壯觀的雕像或者雄偉的廣場，都是人類運用心智的能量去改變物質的形態，從而使之產生一系列的變化。這些呈現藝術價值的建築在地球上的很多地方都能看到，這也是人類運用心智的一種典型表現。當然，更多的表現情況就是我們始終能夠在日常生活中運用心智能量，去改變我們的生活。

　　每個時代，人類在機械層面上所獲得的勝利，都是人類心智努力的產物。要是沒有這些人的努力與創造力，人類可能依然處於野蠻動物的狀態，缺乏足夠的文明教養。有人說，人類之所以超越其他低等動物，就是因為人類有足夠的能力去發明與運用工具，而這種發明與運用工具的能力則完全依賴於人類極為優秀的思考能力。蒸汽引擎正是這方面工具的典型例子，因為蒸汽引擎的發明，幫助許許多多的人節省了大量時間與財力，減輕了人們的勞力負擔。而蒸汽引擎在製造方面的複雜性，則超乎了許多人的想像，其在細節方面的完善又是許多人所不敢想像的。可見，蒸汽引擎的發明就是人類發揮心智能量的一次最佳展現。

　　也許，藝術領域是與心靈領域關係最為緊密的，因為藝術品的出現幾乎就是心智產物的一種展現。音樂、聲學、樂器、獨唱或者合唱，使用單一樂器或者交響樂，這些都是人類心智能量的表現。來自鄉村的男孩可能會對著森林與山丘哼唱歌謠，或者站在一個造價不菲的音樂廳的舞臺上歌唱 —— 音樂

無處不在，其展現的形式也是無窮無盡的。音樂就是人類心靈活動的產物，也是一種最能表現出作曲家內心細微變化以及熱情能量的方式。雕刻家的夢想往往會在大理石上呈現出來，而那些畫家的夢想，則是運用自己的雙手在帆布上畫出他們想要的景象。幾乎所有傑出的藝術都是透過藝術品去展現自身的思想與心靈活動的，而這也是那些傑出人物思考的直接結果。我們生存的這個時代多麼精彩啊！但是過去的許多殘垣斷壁卻留給了我們許多遺憾，因為許多美好的藝術品都因為時間或者人為的因素而遭到了破壞。

　　除此之外，心智更為重要的一個產物就是在文學領域。無論是在文學作品的數量還是體裁等方面，都是讓人震撼的。古代與當代的文學作品的品質都是相當高的，能夠喚醒讀者內心強烈的共鳴與讚賞。當然，最能夠展現人類心智具有能量的方面，還是許多科學家在科學領域的發明與創造、許多哲學家在宗教或者文學等方面的造詣。這就像是一座古代就已經建好的紀念碑，每個路過的人都能在上面增加一塊石頭。只要人類持續存在，這樣的情況就會繼續。

　　就文明這個詞語本身所具有的意義來看，無論人類處在哪個文明階段，究其行為方式以及生活的持續性還有獲得的進步，都可以說是心智單一且直接的產物。人類應該將除了地球本身存在的事物以及自然界的事物以外，其他人為的事物都歸功於心智的作用。所有的宗教、政治乃至社會機構之所以存在，是因為這些機構首先存在於人類的心智當中，之後，它們就按照人類思想的模樣在現實中找到了存在的基礎。人類之所

以成為萬物之靈，超越地球上任何其他生物，就是因為人類是「最接近天使」的存在。

儘管我們認識到了這些事實，但也必須記住一點，那就是對當代科學家而言，他們在智慧方面獲得了不俗的成就，有了許多發現，不斷地拓展著人類的認知，讓人類明白了心智所具有的絕對優越性以及多樣性，是人類超越其他動物的根本原因。人類不斷地推移無知的地平線，開始了解心智與自身的關係。最近幾年的科學研究讓人們意識到，人類是可以透過控制自身的心智，從而獲得之前自己根本難以想像的成就的。人類可以不斷站在制高點上，透過發揮心智與道德的潛能，獲得更高的成就，這將讓過去的人所獲得的成就都顯得黯淡無光。

在最近幾年裡，我們已經清楚地意識到，心智的行動就是按照一系列順序所進行的行動，而心智也是人類行為的絕對控制者，指引著人類從事各種了不起的工作。心智就像是一部引擎，指引著我們無論在任何地方都可以做出任何事情。因此，正是透過這種控制，人類才成為心智的控制者，透過運用心智的能量，讓自己去實現最大的潛能，成為自身命運的控制者。

第二章
思考對身體行動的影響

　　心智始終都處在一種思考的狀態中。思考，就是心智處在運動狀態時的一種活動。思想就是心智活動最後的結果。這只是對心智活動的一種闡述，絕對不是對心智本身的一種描述或者定義。我們都知道一點，那就是心智只能夠透過自身對行動的意識去進行感知。但正是因為這樣的一種意識，我們可以知道，當我們在談論心智或者別的我們正在思考的東西時，我們能夠知道自己到底在說些什麼。

　　在追尋人類活動的各種起源的時候，我們會發現，在人類所有的活動當中，從順序上來說，思考是最早出現的活動。也就是說，人類如果不是首先產生了第一個念頭的話，他是不會做出任何舉動的。

　　即使是在我們最懶散或者最習慣的情形下，不管我們對此是否有所察覺，在我們用發音器官說出某個詞語的時候，這個詞語必然已經首先存在於我們的思想當中了。思考活動可能是在我們發出聲音之前極短的時間裡就出現了，以至於我們根本察覺不到這樣的思考是否存在過，雖然在我們說出這個詞語之前，關於這個詞語的思想就已經存在於我們的腦海之中了。同樣的情況也適用於我們其他所有的表達方式，無論表達的形式如何，只要是表達，就必然需要我們發出聲音，以一種外在的

方式去呈現自身的某種意圖、情感、思想或者感覺，而我們發出的聲音是絕對不可能走在思想之前的。因此，我們做出的每種行為都不可能超過或者跑贏我們自身的思想，而只能永遠追隨著思想的腳步。

　　機械師首先會做出計畫，然後按照這樣的計畫去進行構造，當然他的這些計畫都是自身思考的結果。建築師可能會在他所建造的房子裡找到一些缺陷，然後將其拆掉，再按照另外一個計畫去做，這樣的情況更加佐證了上面所提到的事實，那就是思想必然是走在行動之前的。因此，建築師在建造房子之前，必須事先就對此進行思考，而他之後之所以要拆掉那間存在缺陷的房子，其實也是思考之後做出的行為。在這之後，他又重新想出了一個建設計畫，於是開始了重建的工作。「如果說世界上還有一樣東西對人類來說是不言自明的，那就是人類的意志在決定事情的走向方面有著重要的影響。」但是，意願本身就是選擇的結果，而無論是選擇還是意願，都是思考的一種模式而已。

　　這種行為出現的順序，也可以透過一些簡單的行為進行充分的闡述，就以我們舉起自己的手作為例子。肌肉的收縮會引起手的運動，神經所傳遞出來的衝動會造成肌肉的收縮，大腦的一些活動也會沿著神經將這些衝動傳遞出去。思考本身就是一種具有動機的能量，要是沒有了這樣的能量，那就不會出現大腦、神經或者肌肉所表現出來的任何活動。而心智的能量則控制著大腦、神經與肌肉的能量，要是沒有心智的允許，我們身體這架機器也是不會允許我們提起手臂的。正如要是沒有了

燃燒的火，水就不可能變成蒸汽，而要是沒有了蒸汽的驅動，活塞就不會有任何運動，而要是活塞不運動的話，那麼工廠裡的機械就不會運轉。

　　通常來說，心智之外的一些事情也會引起心智做出一些行動。但如果心智本身沒有產生某些行動的話，就不會讓我們的身體產生任何的行動。或者說，如果我們的心智沒有以一種不同的方式去表現出來的話，身體的活動也不會做出任何異常的行為。正是心靈的活動才讓我們做出身體的活動，從而展現出我們自身的特殊品格。但是，就心智本身而言，它是可以在不受任何外在刺激或者影響的情況下運轉的，而身體的活動此時也會依照心智進行改變，展現出心智活動本身就是整個過程中最為重要的環節這一點。

　　如果我們說所有外在的影響都能夠對心智產生影響，那麼心智依然是身體做出一系列行為背後的「始作俑者」，要是沒有了心智的允許，我們的身體幾乎不會做出任何的運動。另外一個強有力的證據可以從這樣一個事實裡找到，那就是如果我們失去了心智，就好比那些死人一樣，是根本不會移動的。神經、肌肉、韌帶以及骨頭──這些身體的組成部分──都是非常神奇的組織，但只有在接收到了心智的命令之後，才能夠做出該有的活動。就這些身體組成部分而言，要是沒有了當事人心智所發出的指令，那麼它們所具有的能量不會超過一根鐵棍。

　　「人的所有行為都源於動機的刺激，這也是行動當事人展現出自身想法的一種表現。無論是動物所表現出來的最簡單的

還是最複雜的動作，無論是有意識還是無意識的行為，都是如此。無論是政治家的外交手腕還是科學家的科學研究，都是受到了內在動機的影響。」但是，我們需要明白一點，那就是動機也屬於一種思考的形態或者心智的狀態，因此，正如柯普所說的，所有動物表現出來的一切動作都可以歸納為一點，即它們都是受到自身想法的影響做出某種行為的。

　　生理學家對此進行了一系列的研究，發現了心智所具有的能量與手部的運動存在著直接的關係，而且這還是從物質本身的角度去進行觀察的。從機械學的角度去看我們身體的前臂的話，可以認為這是一個槓桿。槓桿的支點距離給力點只有 1 英寸，距離另一端的重物則有 15 英寸左右。因此，按照機械原理，肌肉傳遞出來的力量是它自身的 15 倍。一個正常的成年人應該能夠提起 50 磅重的物體，這意味著我們的心智透過作用於肌肉，產生了超過物體重量本身 15 倍的能量，也就是 750 磅的重量。這樣的能量以磅為單位呈現出來，就是心智能量的一種表現方式。

　　但事實也並不完全是這樣的。如果相同的肌肉群在 750 磅的重量下進行活動，我們就需要用一根木頭將物體掛在兩邊，讓物體到身體的距離實現等距，從而分散物體重量對身體所帶來的壓迫感。這說明了我們的心智不僅能夠傳遞出背起重達 750 磅物體的能量，而且能夠讓身體肌肉累積同等的能量。相似的情況也存在於身體的肌肉活動當中。

　　心智行動、大腦活動、神經組織與身體的其他器官都存在著緊密與神奇的關係。正是透過這樣的緊密連結，心智的某

些行動能夠讓神經與肌肉都處於活動狀態。沒有人知道心智到底是以怎樣的一種方式去影響或者控制大腦的活動的，也沒有人知道神經到底是如何影響肌肉的收縮或者放鬆的。沒有人知道心理與身體系統之間連結的媒介是什麼，也沒有人知道是否真的存在著這樣一種媒介。我們只是知道一點，那就是心智能夠按照某種恰當的方式運轉，從而驅動其他活動按照順序去進行。

關於這方面的內容，許多專家都進行了深入的闡述，他們提出了許多不同的理論與解釋。一些專家堅持認為，心靈與物質之間根本不存在任何關聯，因此他們認為，說這些活動之間的關係就是互為因果的關係，就顯得太過了。但在現實的研究過程中，幾乎所有的專家都認可一點，那就是如果心智沒有處於一種活動狀態的話，身體肌肉或者身體的其他部分是不會有任何反應的。專家們之所以認同這一點，是因為心智能夠準確的發出某些指令，而身體則嚴格的遵循這些指令，毫無保留的完成。因此，一些天文學家說，正是太陽引起了太陽系其他星球的轉動，但他們卻始終不能找到太陽與其他星球之間存在具體關聯的證據，甚至對這樣的現象本身也無法給出讓人信服的證據。

即使我們認為這樣的關係並沒有產生因果關係，而只是統一的次序方式所表現出來的假設是正確的，那麼接下來必然會有許多相同的形態或者次序表現出來，用來表現這樣的因果關係。從現實的角度來看，我們稱之為一串反應次序或者一串因果關係，叫什麼關係都不大。因此，我們已經可以清楚地

看到一點，那就是這場討論的主要目的就是，要了解到一點，即心靈活動可以造成身體的活動，而身體的活動則始終追隨著恰當的心靈活動，它永遠不可能在沒有心智引導的情況下自行出現。

　　幾乎所有人都會認可一點，那就是感知的事實可以證明身體的行動作用於心智。類似的，我們所產生的意願，其實也能夠以一種結論性的方式證明心智的行動可以作用於身體。比方說，疼痛可以被稱為身體運動的一種表現，但是在疼痛與運動之間，卻是心智行動對疼痛的感覺，並且直接作用於身體的行為。有了這樣的指引與對應，疼痛本身才會與我們自身沒有任何關係。有人可能會說，人之所以要吃東西是因為人會感到飢餓，在這樣的情況下，人就受到了生理感知的影響。但對這種感知的察覺其實就是感知的心理能力，要是沒有這樣的感覺能力，人就不會感到飢餓，當然接下來也不會出現諸如腸胃消化或者物質吸收等複雜的身體活動。因此，在進行了上述分析之後，我們可以看到，正是心智的活動讓我們的身體做出一連串的反應與活動。

　　對正常人來說，心靈對身體肌肉活動的控制能力已經得到了神奇的發展。這樣的肌肉能夠完全按照心靈的指引去做事，正如我們可以看到的一些運動細節以及精確度方面，都可以發現運動所具有的力量與能量。請注意那些寫在紙上的文字，或者注意藝術家用畫筆在帆布上所畫的，或者觀察一下音樂家的手指在鋼琴上的彈奏，都是非常精確的，因為他需要按照內心的想法去演奏，正是這樣的想法指引著他的手指演奏出他

想要聽到的樂曲。幾乎在所有人身上，我們都可以看到身體的肌肉按照心智的指令，去完成一些精細與美妙的動作。有人稱之為肌肉訓練的結果。事實上，這是我們訓練自身肌肉去服從心智的過程。如果心智對身體肌肉的活動有了這樣的控制力，那麼為什麼心智對身體其他功能的控制就不能具有相同的影響力呢？

有人非常清楚地意識到，就是這樣明顯的區別反而經常遭到人們忽視。手臂的運動並不是意志能量作用的結果。一個人可能會透過意志能量讓手臂按照他的意願運動，但如果心智不按照同樣的方式去做的話，我們是不會這樣做的 —— 除非心智所想的東西與意志的思想截然不同 —— 否則，我們的手臂依然處於一種相對靜止的狀態。儘管如此，還是會有一些人認為，手臂的運動是由意志能量造成的，這樣的事實依然擺在我們眼前，那就是意志能量其實就是心智能量，因為意志本身就是心靈活動的一種表現形態，也是自身選擇的一種表現形態。而選擇這樣的行為本身就屬於一種心靈活動，因此一般人認為身體的活動就是心靈活動的結果，這樣的想法依然是正確的。

幾乎所有人都可以清楚地意識到這些事實，這本身就說明了心智並不單純只是身體狀況或者行為的集合，也不是這些狀況或者行為所產生的結果，而是某些與身體系統完全相反的東西，對身體進行控制與施加影響。當我們了解到身體的各種活動都能夠按照上述思考去進行考察，就會發現它與心智的關係是完全一樣的，於是這樣的說法就完整了。

具有思考能力的心智同時具有行動、指引或者控制的力

量。這集合了大腦、神經、肌肉、韌帶以及骨頭 —— 最終構成了一具由心智建構與使用的、完美的人體機械。

第三章　有意的行動

可以說，幾乎所有的身體活動都可以分為兩種類型：一種是有意識的身體活動，一種是無意識的身體活動。

思考是引起有意識的身體活動的重要原因。這一論述的準確性是不言自明的，因為自我的意識、想法或者設計，本身就屬於思考的範疇，而這種類型的思考方式，也是這一類型成串活動的重要原因。比方說，某人想去拜訪自己的朋友，如果他之前從未產生過這樣的想法，他是根本不會這樣做的，因為他根本就沒有這樣做的動機。如果這樣的想法從他的心中冒出來了，之後又停止了，或者他自己忘記了這樣的想法，那麼他也是不大可能去拜訪這位朋友的。這樣的例子雖然比較簡單，卻能夠很好的證明這種論述的真實性。

人們忘記了自身之前產生的一些心理活動，或者沒有意識到這些心理活動之前存在過，這並不能成為否認這些事實的原因。我們所做的許許多多的行為，都是在許多無法認知的思想的驅動下完成的，但這並不能成為我們否認這一論點的例外情形。相反，這樣的事實反而更證實了這一論述的準確性。不管我們是否意識到這些思想的存在，思想始終都在心智的世界裡做著自己的工作。

通常來說，人們往往可以回想起之前一些無法被察覺到的思想，這些思想都是他之前從未意識到的，或者因為沒有出現

連續的事情指向而無法讓他對其保持專注。比方說,當一個人在全神貫注的閱讀一本書的時候,是不會感覺到自己似乎正在一個小房間裡與他人交談的,甚至聽不到他人跟他說的話,但在這之後,他卻能夠記得別人肯定跟他說過話,只是忘記了到底說了些什麼而已。像這樣的簡單例子就可以說明一點,即思考通常都是在沒有意識認可的情況下出現的,甚至連當事人對此都無法理解。心理學家認為,對人類來說,就其數目而言,無法被認知的思考,要遠遠超過可以被認知的思考。

　　一位嫻熟的鋼琴演奏家在演奏過程中所做的動作,就是一個非常好的例子。因為鋼琴家在彈奏鋼琴過程中的動作,都是一系列有意識訓練與努力的結果,而到了最後,這一切都會變成一種自然而然的動作,甚至再也不需要經過他的任何思考,所以這樣的想法,就無法被他的意識所感知。對於初學者來說,要想學好鋼琴,就必須用心記住每個琴鍵的位置或者彈奏的技巧,在這個過程中,他對自己的每個動作幾乎都牢記於心。無論是彈奏鋼琴時身體的姿勢、自己肩膀與頭部的位置、如何控制手臂以及手指、如何迅速的按下每個琴鍵以及按下琴鍵的力度 —— 所有這些都是需要初學者有意識的記住並且認知的。對他們來說,幾乎每個動作都要經過先前的意識想法才能完成,當然這不僅包括我們該做怎樣的動作,還包括我們該如何才能夠完成這樣的動作。經過長時間不斷重複的基礎訓練,初學者產生的每一個意識都會沿著特定的管道進入大腦神經,從而讓我們感到無比熟悉,這樣一來,之前強烈的意識就會逐漸弱化,繼而為我們接下來從事更難的訓練打下基礎。我

們在完成初級階段的學習之後的想法就會逐漸消失，然後被更加困難的階段所控制，直到最後我們所有關於學習的意識都消失了。因為我們每一步的學習都與接下來的學習存在著密切的關聯，所以最後演奏者的有意識思想都會透過演奏表達出來。當然，這個過程需要演奏者能夠充分掌握演奏的技巧，注重每個肢體動作的協調，讓每個音符都能夠恰當的組合，從而演奏出震撼人心的音樂。到了這個階段，演奏者做出的許多動作都是無意識的，因為他已經習慣了這樣的事實。要是之前沒有有意識的訓練，演奏者就會呆呆的坐在鋼琴旁邊，根本無法演奏出真正具有魅力的音樂。對於心智來說，我們的每一步訓練都是通往下一步的階梯，所以說一系列的動作都可以按照習慣的次序去完成。我們的每一個動作最後都變成了一種無意識的行為，不過在一開始，我們卻需要有意識的保持注意力，並且抱有一個具體的目標。只有這樣，有意識的行為經過不斷地重複，最後才會變成無意識的思想。

鮑德溫（Baldwin）就曾記錄下這樣一個有趣的例子。「這個例子是關於一位音樂家的，這位音樂家在一場交響樂演奏過程中，突然遭受癲癇症的襲擊，但是他卻依然平靜的完成了演奏，而這一切顯然是在他完全沒有意識的情況下完成的。當然，我們在走路或者寫作等方面遇到的其他例子，其實不過就是我們意識經驗的一種誇張表現罷了。正如許多單一的運動體驗，最後都會變成一個關於整體的思想，我們開始融合這種結構的衝動，也能讓我們確保所有細節都得以落實。所以說，任何單一的神經反應都可以在一個複雜系統裡得到融合。」但

是，「開始的衝動」本身就屬於一種心靈活動，要是沒有這樣一種心靈活動，演奏者根本就不敢站在臺上進行表演。

這樣的「開始的衝動」在演奏音樂的時候特別明顯。因為演奏者之前已經對此訓練了許多次，所以在他做出第一個演奏動作的時候，這一切都是自然而然的，在他看來已經根本不需要經過大腦的意識，接下來的第二個動作直到最後的演奏結束，在他看來都是自然而然的表現而已。始終思考著一系列思想的習慣，感知到每個思想都能夠以一種不變的方式去替代接下來的思想，就是需要我們透過不斷地重複去形成這樣的習慣。一旦我們開始了這樣的訓練，這個過程就會按照有序的方式完成，最後甚至不需要當事人對此產生任何意識。但如果這樣的習慣最終並沒有建立起來，或者說，如果因為缺乏訓練而逐漸荒廢，我們就會面臨極大的困難。此時，有意識的思想就會喚醒我們，驅動我們去進行這樣的訓練。

重複去做一件事的傾向的事實，用鮑德溫的話來說，就是：「一個動作的思想之前已經出現了，從而帶動著這樣的動作持續下去。當然，在神經中樞裡，必然存在著一種積極的傾向，從而將實現這些動作的能量都釋放出來。」

義大利心理學家莫索（Mosso）教授對此有非常高明的見解，他說：「每一個運動（在走路過程中）其實都是比較困難的。每個人從嬰兒時期開始學習走路，都需要經過一系列的困難。逐漸的，當我們掌握了走路的技能，走路這件事就不會成為需要我們意識反思的事情了。直到最後，走路成為一種自然而然的事情。也許我們不會將走路稱為一種自動的行為，因為

當我們缺乏走路的意願時，我們是不會走路的。當我們下定決心要出去走路或者旅行時，我們就會出去走上一段很長的路，甚至都不會察覺到自己正在走路。很多人在走了很長一段路之後，晚上睡覺的時候會感受到極端的疲憊。當然，還有數不清的現象可以證明這樣的事實，那就是任何運動一旦開始，都需要消耗我們的意志能量，一旦這成了我們的習慣，我們在進行這種運動的時候就會變得自然，根本不會察覺到這樣的運動原來是存在的。」「走路的意願」其實就是思想，正是這樣的思想，最終導致我們抬起腳步，邁出第一步。在接下來的過程中，我們的心智就會指引與控制身體這架機器，再也不需要我們有意識的這樣做了。上面引述的這段話，也可以運用到任何複雜的行動中。筆者並不知道莫索教授到底是怎樣想出這段文字的，或者他是怎樣產生這樣的想法的，他的意識思想始終與自身想要表達的內容吻合，但是他卻並不會意識到自己其實是在持續的指引身體的活動，控制著自己的雙手拿起筆，寫下這樣的文字。

　　絕大多數人都已經了解到了一點，那就是感覺上的刺激是缺乏連續性的。當我們的手接觸到任何物體的時候，都會透過觸覺讓身體產生一種即時明確的意識。如果我們的手始終保持之前的位置或者沒怎麼用力的放在那裡，這種意識就會逐漸消失。雖然一些活動的過程能夠沿著相反的方向前進，但顯然還是會有一些人了解到一點，即心智本身會影響身體活動的行為，其方式與感知刺激影響心智的方式是一樣的。在感知刺激的過程中，連續的行動會導致感知從心靈的層面上逐漸消失。

心靈活動所喚起的意識元素會以相同的方式來完成，雖然心靈活動始終都會透過身體持續下去。如果是這樣的話，就為我們尋找那些消失的意識提供了足夠的證據，即透過不斷持續的重複行為，可以解釋很多被稱之為反思或者自動的行為。

　　所有這些都說明，「運動的思想」或者「開始的衝動」，就是我們去做某些行動的心靈意願。正是這樣的心靈意願，驅動著我們的身體去完成一連串複雜的動作。因此，無論在每一個細小的問題上，無論注意到還是沒有察覺到的思想，都是造成所有有意識行動的原因。

第四章　無意的行動

思考的過程不僅始終走在所有的人類行動之前，而且走在所有無意識行動的前面。

一個人並不會在自己想到要落淚的時候就掉眼淚。通常來說，這樣的淚水都是不期而至的，而且都是在我們想盡一切辦法壓制無果後才出現的。儘管如此，他還是流下了淚水，因為他之前就已經有了這樣的想法。對這類事實的解釋其實非常簡單。淚腺的功能就是透過眼淚來讓我們的眼睛保持在一種滋潤的狀態。相同的細微與親密的關係都是存在於悲傷的心靈狀況下的，當然，淚腺的行動存在於其他思考以及肌肉活動的過程中。當我們的心智填充著悲傷的時候，淚腺持續增強的活動就會出現，眼淚就會不由自主的流出來。悲傷的思想能夠作用於淚腺，從而刺激我們以相同的方式去實現這樣的想法，並構成手臂移動的事實。在這個連結過程中，一個重要的事實就是，雖然悲傷並不能代表我們有意的行為，但還是因為之前某個特定的心靈活動所造成的。當悲傷的感覺消失之後，淚腺的這種過度的行為也會逐漸減弱，我們也就會停止流淚，臉部的肌肉也會恢復到正常的狀態。

如果思考本身具有幽默、智趣的品格的話，各種完全不同的行動就會持續出現。身體的很多肌肉，特別是胸腔、喉嚨與臉部的肌肉都會在思考進入一種激烈的狀態時，處於一種痙攣的活動狀態。這也充分說明了無意識的思考活動所帶來的

影響，因為它通常會在我們想笑的欲望不是那麼強烈的時候出現，說明在這樣的情形下，意識只是扮演著一個從屬的角色。只有當要笑的想法停止之後，我們才會停止笑聲，之後我們的內心就會填充著各種其他的想法。顯然，這些肌肉的活動會對一個人的心智進行回饋，雖然其本身並沒有要做出行動的意願。

　　每個人都可以意識到一點，那就是許多身體上的改變，都是由心靈狀況的改變所引起的。憤怒的心理狀態讓我們的心跳加速，讓血液以更快的速度流過身體，讓我們的臉色變得紅潤或者蒼白。諸如悲傷或者愉悅等突然來襲的情感，不管是正面的還是負面的消息，不管是滿懷期待還是最終失落 —— 這些想法以及其他讓人感到不安的思想，都會讓我們的心跳加速或者減慢，甚至完全處於一種停頓的狀態，當然這要視心靈活動的品格而言。恐懼的思想可能會讓我們打冷戰，並且讓這樣的肢體動作傳輸到全身，讓血液從身體表面流走，或者引起身體肌肉的收縮與麻痺，接下來可能就會出現嚴重的症狀，有時甚至會出現死亡。

　　腺狀體在不知不覺中出現的變化是難以計數的。要是我們對一個飢餓的人說出某一道他特別喜歡的菜，這樣的話語就會在瞬間讓飢餓之人的唾液腺活動起來，這個過程都是自然而然的，可能當事人根本無法察覺到。當然，接下來，飢餓之人還會產生一系列消化、吸收等身體活動。現在，我們已經明白，這些都是思考的結果，雖然不同的思考會引起不同的身體變化，但有一點卻是可以肯定的，那就是如果沒有這樣的思考，

這樣的活動根本就不會出現。但在此還需要明白一點，那就是這些想法都是無意的，我們甚至無法察覺到這些想法的存在，不知道自己之前竟然產生了這樣的想法。

　　最近的生理學實驗已經清楚地說明了一點，那就是每個人的想法和唾液的分泌都有著直接的關係，這些都是從日常生活的觀察與實驗中得到了證實的。當我們面對著自己喜歡的食物時，身體就會分泌大量的唾液與胃酸，即使我們尚未將這些食物吃到肚子裡。除此之外，當我們知道了自己接下來要吃哪一種食物的時候，我們的腸胃也會分泌出不同的消化液，從而更好的消化這些食物。所以，每一種不同的事物都會引起腸胃分泌出不同的消化液。人們越是喜歡某一種食物，就會分泌出越多的消化液，因為只有這樣才能夠更好的進行消化。有時，甚至當我們看到或者聞到某種食物的味道，都會產生這樣的行動過程。由於心理暗示或者各種行為的集結所產生的單純心理活動，其實就已經足夠了，因為單純的愉悅感本身就已經能夠讓人產生生理上的活動。與此相反的是，當我們吃了自己不喜歡吃的食物時，消化液的分泌就不會按照上述的行為去進行。當大腦與腸胃的交流被切斷之後，心智是不大可能向胃部及其腺體發出訊息的，甚至在這個過程中，我們的胃部根本不會分泌任何消化液。這樣的事實說明了一點，那就是心理刺激的存在，並不能直接引發隨後的消化功能或者必要的消化液分泌。

　　這些實驗都充分說明了一點，那就是消化的過程完全取決於我們的一些心理過程。與此類似的是，所有的身體行動都依賴於思考，不管這樣的思考是有意還是無意的。要是缺乏這樣

的思考，或者說思考本身沒有影響到身體的器官，那麼這樣的思想就不可能傳遞到胃部的腺體，我們也就不會有任何的身體行動。

但是，我們也必須記住一點，即在某個比較激烈的思想與結果之間或長或短的過程中，往往會出現一系列被忽視的心靈活動，從而吸引我們的注意力。之前觀察到的狀況可能會在這個系列的結束階段出現，並且早已遠離了引起其出現的原因。這種間歇性的無意事情的打斷，會讓我們覺得非常困難，有時讓我們根本不可能發現最終的事件與產生的思考之間存在的直接關係。正是因為我們沒有能力去追溯觀察到的結果與真正的原因之間的事情，所以這並不能成為反對之前那個心靈活動走在所有行動之前的結論的理由。

每個敏感的人都知道，聽到壞消息所引起的心靈波動，會嚴重影響到我們的腸胃消化。也許，這樣的受害者在第二天醒來的時候還感到頭痛欲裂。醫生會告訴他，這是他的腸胃消化不良所引起的。當事人可能已經忘記了前一天的心靈狀態，因此就會用誠實的口吻堅持說，頭痛並不是心靈狀態出現波動所引起的。但是，如果他沒有沉湎在那些影響到他神經活動以及腸胃正常運轉的負面思想當中，他就不會感到頭疼。這種無意識的身體活動就是由自身的思想所造成的。當然，這件事也充分說明了一點，那就是某些觀察結果是多麼容易被人們所忽視。

心智的存在以及行動的必要性，可以從反射行動以及那些看似自動的行為中呈現出來。神經受到刺激，就會以外在或者

表面的形式呈現出來。正如心理學家們所說的，這樣的刺痛感都會被傳遞到中心神經節或者大腦，然後該區域就會出現某些行動。之後，另外一種衝動就會傳遞到外在的神經，從而影響身體的某些肌肉，產生某種行動。神經中樞的這些行動，或多或少都是比較複雜的。我們的身體行動都會受到外界的某些影響，而這些可以認知的外在狀況都是從其他神經中產生的，然後傳送到某些特定的肌肉，使之做出活動。當然，可能只是一個簡單的抬手動作，或者讓我們握緊拳頭，用力揮出一拳等行為。又或者，可能是諸如將東西從一個地方搬到另外一個地方之類的事情。但是，人的活動並不單純是類似於機械的行為。人們所做的一系列行為都是按照當時感知到的需求去做的。

不管人們是否意識到這一點，都會對受到打擾的神經終端產生某種心靈意識或者認知，因為正是這樣的認知決定著我們採取恰當的行動，讓我們從其他事情中選擇恰當的方式去實現目標，讓我們按照這樣的情形去完成這些事情。無論在什麼事情上，我們都可以看到很多選擇或者判斷，而選擇本身就是一種基於意識的行動，因此這也算得上是一種心靈活動。分辨力必須要在選擇的過程中扮演重要角色，而智慧也需要我們去指引這樣的過程。只有心智才能夠對當前的狀況進行審視，然後決定自身是否要做出行動，從許多的可能性中選擇一種，選擇由哪些身體肌肉去做，然後再透過一些神經去傳遞這樣的指令。

無論在哪一種情形下，肌肉的活動或多或少都是對周圍事物的一種意識、分辨、選擇以及判斷的表現。我們所做的事

情，與自身的心靈狀況幾乎是完全相符的。因為當我們不斷重複這樣的有意識思想，就會逐漸成為一種習慣，最後讓我們完全失去對這些事情的意識，到了這個階段，這樣的行為就會被我們稱為機械或者自動的行為。當然，很多人後天出現的一些傾向都可以追溯到遺傳上，但是這樣的遺傳可能要追溯到幾代人之前的祖輩。

完全專注於心智的思考，與任何外在的事物幾乎沒有任何的關係，但這樣的思考可能會對神經組織以及大腦產生一定的影響，正如當外面發生什麼事情時，我們的心智也會對此做出相應的反應。鮑德溫曾這樣說：「思想的暗示或者透過意識的暗示，都將必然被視為某種刺激的動力，從而對某個神經器官產生直接的刺激。」身體的所有器官都要受制於純粹心靈狀態的刺激，也就是說，某種神經的刺激，可能是源於心智的自我產生的行為。除此之外，心理學家以及生理學家們都持這樣的觀點，即認為這些思想衝動可能會改變已有的神經路徑，從而產生全新的思想，讓我們可以找到更好的行為方式。如果是這樣的話，被割裂的神經路徑就能夠重新連接起來，甚至在神經細胞被移除之後，兩端還可以透過媒介進行連接，直到最後重新相連起來，當然出現這種情況的前提就是斷裂的距離不能太大。

還有「純粹的非隨意肌」，這是有人可能會採用的叫法，也就是說這些肌肉產生某些行動之前沒有經過之前的思考。但事實已經證明了一點，那就是絕大部分的肌肉所做出的反射行為可以被清晰的說明，有意的行為都是經過不斷重複之後，

才漸漸被我們所忽視的。反射行為與我們所熟知的非隨意行為之間的距離可能非常短，而這兩者之間的分別，則很難去進行定義。在很多時候，我們都很難對所謂的反射行動或者非隨意行動進行分辨。一些生物學家就是從已知的事物去推斷未知的事物，他們認為所有這些行動都是意識思想帶來的結果。要是能夠讓每個人都認識到，心智始終伴隨著生命，未曾有一個時刻遠離生命本身，並且生命是意識的祖先或者創造者，那麼這些生物學家的理論就顯得更加可信了。在此基礎之上，心智能夠與生命本身進行連接，其所產生的能量會讓非隨意肌發生運動。

心臟每時每刻都在跳動，我們卻幾乎都會忽視這樣的事實，但我們知道，在很大程度上，心臟跳動的頻率會受到自身心靈狀況的影響。諸如不安、悲傷、恐懼或者歡樂這樣的情感，都會對心臟跳動的頻率產生不同程度的影響。雖然我們尚未發現心智對於維持心臟持續跳動方面的直接影響，但是當人的心智消失後，比如在人死亡之後，心臟也會停止跳動。這樣的事實幾乎對於所有所謂的非隨意肌器官來說都是如此，這也說明了某種程度的心智活動，其實對於維持人的生命是有幫助的。我們並不會故意去想著讓心臟跳動，正如我們並沒有想故意讓眼淚流下來一樣，但是我們的思想卻讓眼淚流了下來，我們的思想卻讓心臟不停跳動。在某種情況下，我們意識到自己存在著這樣的思想，而在另外一些情況下，則可能不會感覺到這些思想的存在，正如鋼琴演奏者在剛開始學習的時候，都會有意識的記住自己的每個動作，在嫻熟之後則會忽視自己手指

第四章　無意的行動

在琴鍵上彈奏的過程。

　　生理層面上的身體是與任何外在的事物都分離開來的，因此肉體本身就是一個具有惰性傾向的物質集合，其本身沒有能力去產生任何行為。因此，身體的所有行動都必須要由身體之外的其他東西產生。產生這種行動的東西就被我們稱為心智。

　　當然，思想走在行動前面，並且引起了一系列我們能感知到或者感知不到的行為，這樣的結論是成立的。因為這兩種類型的行為，幾乎囊括了人類所有的行為。行動源於思想，或者說源於心智行動。心智行動與思想始終是先出現的，然後與身體行動產生連結，從而導致了最後的結果。

第五章　一般的論述

　　思考是決定一個人是怎樣的人以及他做什麼事情的根本原因。因為心智具有思考功能，所以心智本身的活動也走在思考活動之前，而我們所做的一切活動都源於思考的結果，歸根結柢，心智就是走在最前列的。在我們之前談論到的所有事情中，心智是造成所有這些活動的根本原因。當然，這並不是一個全新的觀點，它也沒有任何神祕的色彩可言。幾乎每個正常人都可以理解這樣的理論，因為他們都可以對自身的心靈活動進行觀察，更重要的是，因為這是屬於他們自身經歷的一部分，所以，每個人都可以從自己的心靈中找到這個論述的證據。

　　到目前為止，我們依然是站在表面的角度去進行考量，而演繹的過程都是以誘導的方式進行的。當然，還有其他重要的方法，比如歸納法，但無論使用哪一種方法，最後都將得出同樣的結論。不過，換一種方法去做的話，將會有助於拓展我們看問題的視野，讓我們在更大的範圍內運用這樣的理論。

第六章　其他專家的看法

　　當代一位著名的作家有感於蘇格拉底（Socrates）說過的一句話，他曾這樣說：我們永遠都不應該詢問到底是哪些人在宣揚什麼教義，而只應該去了解這樣的教義是否具有真理。一個哲學原理或者原則，一旦變得清晰且通俗易懂，就不會因為任何權威的支持或反對而削弱其正確性。雖然這是不容否認的事實，但一些最為睿智的人在看到其他睿智的人對自己的觀點持一種肯定態度的時候，自信心還是會膨脹。因此，當一些人看到其他人在某個研究領域比自己更加用心、做出更大的發現的時候，他就會為自己辯解，找出一大堆藉口。可見，人的心智活動始終走在身體活動之前，因為這樣的原因能夠引起最後的結果。

　　克拉克大學的霍爾（Hall）校長在位於波士頓的美國醫學生理學協會上發表演說時說：「身體與情感之間的關係是最為緊密的，每當我們的思想發生了變化，我們的身體肌肉也必然隨之發生變化。」與此同時，他還暗示一點，那就是在思考的過程中，依然有可能對身體的肌肉進行某種鍛鍊。按照霍爾校長的觀點，恰當的思考過程有助於肌肉保持自身的活力。

　　普林斯頓大學的鮑德溫教授也發表了自己的觀點，他認為：「每一種狀態下的意識，都會透過恰當的肌肉活動展現自身的狀態。」

哥倫比亞大學的史壯（Strong）教授這樣說：「近代的心理學家在向我們灌輸一個觀點，那就是所有的心靈狀態都會引發一連串的身體變化——簡單來說，就是意識最終能夠讓人做出某種行動。對於欲望、情感、歡愉、痛苦或者對諸如感知與思想這些看似缺乏衝動的狀態來說，都是如此。簡言之，這幾乎囊括了我們心靈生活的全部範圍。當然，身體所感受到的影響並不局限於隨意肌，更在於心臟、肺部、胃部以及其他內臟或者血管等方面出現的改變，當然也少不了對腺體分泌所產生的影響。」

　　哈佛大學的詹姆士（James）教授這樣說：「所有的心靈狀態（就其功用性而言，不管其處於怎樣的狀態）都會伴隨著某種類型的身體活動。這些心靈狀態往往對呼吸、血液流通、肌肉一般性的收縮、腺體分泌或者其他內臟活動產生不知不覺的影響。即使心靈狀態沒有對隨意肌產生比較明顯的影響，這樣的情況也是存在的。不僅是在某些特定的心智狀態之下（比如自願），還有心智所處的一般性狀態，這不單純包括思想或者情感，因為這些都是造成最終結果的動力。」我們所使用的語言不可能更加肯定或者更加清晰了，但在這之後，我們也許可以用相對缺乏技術性的語言去描述這樣的事實。

　　「事實上，根本不存在著分類的意識，無論是在感知、情感或者思想等層面上，這些都不會產生直接的影響，或者釋放出某種驅動的效果。驅動的效果並不總是我們外在行為的一種呈現。可能只是我們心臟跳動或者呼吸方面的微調，或者血液流通的一些細微改變，從而以臉紅或者臉色蒼白的表象呈現出

來，或者以流眼淚等情況作為表現。但無論在什麼情形下，只要意識還存在，這樣的意識就會以某種形態存在。很多人認為這是現代心理學中一個最基本的理念，認為任何一種有意識的過程都可以形成某種活動，不管這些活動是開放式的還是被隱藏起來的。」

耶魯大學的一位教授這樣表示：「即使是從身體變化所具有的單純生長力而言，都要取決於我們心智之前所處狀態所具有的品格。」

哈佛大學的明斯特伯格（Münsterberg）教授在洛威爾機構發表演說時，就曾談道，哪怕是一個最為微弱的想法，都有可能影響到我們整個人的身體。他接著說：「在我們的心智裡，構成任何思想的一個微粒，都必然是引發外在表現的一個起點。」當然，我們也可以用更加通俗的語言去表達，那就是心智的思想是引起人的身體做出反應的原始動力。明斯特伯格教授在闡述這個觀點的時候，舉了一個例子，就是我們的思想會在一分鐘之內讓皮膚排出更多的汗。科學家們使用了準確的儀器證實了這一點：一個人的思想，的的確確會對這些腺體分泌的強度產生影響。

哈德森（Hudson）這樣表示：「任何科學家都不會否認，在我們的內心存在著一個核心的智慧泉源，這個智慧泉源控制著身體的各種機能，透過交感神經系統讓非隨意肌做出行動，然後讓身體這架機器保持正常的運轉。」

一位著名的法國心理學家的觀點可以正確的解釋關於恐懼或者其他情感方面的問題。他這樣說：「如果我們對危險感到

無知的話，那麼我們根本就不會對此感到恐懼。」幾乎每個人都有過這樣的一種體驗。正如每個人都知道的，恐懼代表著一種心靈活動以及狀態，因此恐懼產生的影響必然是心靈活動所產生的結果。

下面一段話能夠比較綜合的闡述這個觀點：「他們（心理學家）都認可一點，那就是在對一個符合邏輯的需求進行回饋的時候，每一個精神的事實都必然需要生理層面做出回饋。」但詹姆士教授在他的書裡曾這樣表示：「心靈因素自然而然會以外在的行為終結。」在此基礎上，他還說這樣的事實是不可避免的，因為這樣的思想本身就會從他手中的筆下寫出來。

英國著名的自然學家羅曼尼斯（Romanes）遵循著相同的研究方向，他說肌肉有選擇的收縮，其實就是衡量心智的標準以及意識的一種指標。他發現能夠做到肌肉有選擇收縮的動物其實依然停留在最低階的層面上。他還說：「所有可能存在的心靈狀態都有其自身存在的訊號。」這些訊號必然會透過外在的情況表現出來，而這樣的外在表現也是透過心靈狀態呈現出來的。

普林斯頓大學的麥考什（McCosh）教授在談到情感的時候，這樣表示：「情感始於一種心靈活動，而這樣的心靈活動究其本質就是心智的一種活動。如果我們審視任何一種情感，始終都會發現，一種思想可以作為其中任意一個的整體基礎。」

我們在上文已經引述了義大利心理學家莫索教授的觀點，不過莫索教授還建造了一個趨於水平狀態下的儀器，能夠讓

人的身體處於一種平衡狀態。這個儀器會按照人的呼吸頻率搖擺。莫索教授說：「如果我們對某個水平躺著的人用絕對柔和與平靜的語調去說話，躺著的人就會產生朝著向上移動的傾向，他的雙腳會變輕，而頭部則會變得沉重起來。這樣的情況是會發生變化的，如果實驗者身上的疼痛沒有消失的話，他就不會想著要改變原先的呼吸節奏，從而讓血液都集中往大腦方向流去。」

　　莫索在談到該實驗的時候，還指出：「當試驗者處在睡眠狀態的時候，如果想進入房間的人去觸摸房門的把手，試驗者的頭部可能會輕微的移動，但他整個身體可能依然保持現在的位置五到六分鐘，甚至能夠保持十分鐘的靜止狀態，當然，這要取決於試驗者在睡眠過程中感受到的不安程度。當一切安靜下來之後，我們就會聽到咳嗽、用腳擦地或者搬動椅子等雜音，試驗者的頭部就會再次輕微移動，而身體的其他部位依然會在長達四到五分鐘的時間裡保持靜止。關鍵是在這個過程中，試驗者不會注意到外部的環境，也不會醒來。我這個試驗就說明了一點，哪怕是輕微的情感刺激，都會讓血液朝著大腦的方向流去。」

　　這些試驗都證實了一點，那就是哪怕心理活動最為輕微的改變，血液的流向都會發生改變，從而大量流經頭部，這可能會影響到整個身體的平衡。試驗同時還說明一點，那就是哪怕思想發生了輕微的改變，都會產生生理影響。正如那個在睡眠狀態下的人，他所產生的思想可能是他之前從未察覺到的，所以他不可能從睡眠中醒來，因為他根本沒有意識到這樣的事實。

耶魯大學體育研究院的威廉・安德森（William Anderson）教授也對大學裡的運動員做出類似的觀察，發現了相同的結果。他讓一個人身體平躺在桌子上，處於一種絕對平衡的狀態。如果這個人在心裡幻想著自己進行體操訓練，他就會發現自己的雙腳在下沉，這就是他在思考著移動雙腳，但他的雙腳並沒有出現移動。這說明了思考本身會讓血液傳送到雙腳，即使他本人處於一種靜止狀態中。在記錄下實驗結果之後，他又讓學生保持之前的平衡狀態，經過一段時間的心理測驗，發現學生的身體重心朝著頭部移動，從 1/16 英寸到大約 25 英寸不等。

　　安德森教授這樣說：「從事讓人愉悅的運動，以及那些讓人感到惱怒的運動的實驗，說明了人在從事感到愉悅的運動時，身體血液的流動速度要比從事惱怒的運動更快。愉悅的思想能夠讓血液流向大腦，不愉悅的思想讓血液的流動緩慢一些。」不僅是思想本身的影響，更重要的是這種思想的品格或者品質都能夠影響到生理活動。一位古代詩人曾經這樣說：「做讓你出汗的事情，並且沉浸其中。」

　　也許，思考的行為對產生不正常的極端生理狀況下出現的紅斑，依然是無法解釋的。聖方濟各亞西西（Sanctus Franciscus Assisiensis）可以說是這方面最好的例子。他對耶穌基督的傷口進行沉思的程度幾乎到了走火入魔的階段，長時間專注的思考與沉迷最終讓他的身體出現了類似於耶穌基督被釘在十字架上的傷口。不僅如此，他的手臂、雙腳都出現了被釘子釘過的傷痕。即使在他去世之後，人們想要擦掉這些傷痕，都無濟於

事。從聖方濟各之後，大約還有 90 ～ 100 個這樣的例子。在很長一段時間裡，人們都認為這是他們自己故意造成的傷口，或者認為這些故事都是偽造的。當然，其中一些可能有誇大的成分，但其他一些例子則真實到可以消除我們所有的懷疑。關於心理暗示對生理的作用是所有人都知道的。現在的實驗都是在高級的實驗室裡完成的，透過對心靈活動的刺激發現了類似於那樣的紅斑。諸如此類極端不正常的生理狀況完全是由思考所造成的，當然，要想保持健康或者快樂，我們也可以透過心理的調節去實現。

華盛頓心理與生理實驗室的蓋茲（Gates）教授則用完全不同的方式，展現出心智行動具有的相同驅動影響以及效果。他講述將手臂插入一個裝滿水的水壺，直到水壺裡的水溢出來。在這個過程中，他始終保持著自己的位置，沒有任何移動。然後他將自己的思想轉移到了手臂上，結果發現血液都往手臂上流去，導致水壺裡的水繼續滿溢。這個例子從另外一方面闡述了莫索教授與安德森教授所提出的觀點。

蓋茲教授的實驗並沒有就此結束。每天，他都將自己的思想轉移到手臂上，還會持續一段時間，想像自己的手臂在逐漸變大，而且變得越來越有力量。他也向其他一些人講述這個方法，從而讓身體的其他器官也出現類似的變化。蓋茲教授的實驗證明了霍爾校長的論述是準確的，即肌肉不僅可以透過鍛鍊增強能量，透過思考的過程也可以得到增長。

上面所講述的只是比較簡單的例子，蓋茲教授還透過全方位且讓人信服的實驗證實了一點，即思考本身是能夠對身體產

生影響的。蓋茲教授發現了一點，那就是心靈狀態的改變，能夠改變排出身體的汗液的化學成分。當我們使用化學試劑去對這些汗液進行檢查的時候，就會發現那些憤怒之人排出的汗液會呈現出一種顏色，而那些悲傷之人排出的汗液則是另外一種顏色，幾乎處在各種不同心靈狀態下的人所排出的汗液顏色都是不一樣的。不斷重複這樣的實驗過程，就可以發現每個人的心靈狀態，都能夠展現出某種特殊的結果。這些實驗都非常清楚地說明了一點，就像詹姆士教授所說的那樣，即每一種類型的思考方式，都能夠透過對腺體或者內臟活動產生影響，從而產生不同類型的化學物質，最後透過汗液排出體外。

當參與蓋茲教授實驗的志願者呼出的氣體通過一個管道，再用冰塊冷卻之後，就會讓原先變化無常的物質變得穩定，最終變成一種無色的液體。蓋茲教授要求志願者不斷朝著試管呼氣，同時讓志願者憤怒起來，五分鐘之後，試管之內出現了一些沉澱物，這說明了心靈狀態的變化會導致生理活動出現變化，從而產生另外一種全新的物質。憤怒會在人體內產生一種棕色的物質，悲傷則會產生一種灰色的物質，悔恨則是粉色的等等。在對排出的汗液進行研究的過程中，每一種思想的狀態都會讓人產生某種特定的物質，而這些物質都是我們身體不斷努力想要排出去的。

蓋茲教授得出了一個非常明確的結論，他說：「每一種心靈活動都會產生一種明確的化學變化，以及在動物的肢體結構上產生一種明確的改變，這一切的根源都在於心靈活動。」他接著說：「人類結構下的心智可以透過恰當的運用意志的能量，

產生大量的分泌與排泄物。如果心智活動能夠對身體的細胞或者機能組織產生某種化學影響，就會伴隨著正常的生理過程以及心理過程呈現出來。而心智的活動是壓制、加速或改變這個過程的唯一途徑。這就需要我們用恰當的方式去做，改變這一心理與生理的過程，使之循著正確的方向前進。」也就是說，改變這些精神過程最為有效且最佳的方法，就是改變我們的思想。蓋茲教授接著說：「對人來說，無論是健康還是疾病，其實都是心智活動的結果。如果我們知道如何控制心智活動的過程，就能夠治癒疾病 —— 而且可以說是治癒所有的疾病。」在另外一個場合下，蓋茲教授說：「心智活動能夠產生一種機能結構，而這樣的結構則是心智活動的充分展現。」

愛丁堡大學邏輯與形上學研究會主席也完全同意蓋茲教授的觀點。他在一場研討會上談到了心智所具有的優先地位，他這樣總結道：「從任何層面上來看，身體的結構組織都是走在智慧與意志之後的，身體只是意志運行與使用的一種途徑而已。從嚴格意義上說，意志能夠創造出反射機制，之後幫助我們實現這些功能。但是，意志卻代表著一種心靈行動或者狀態，因此心智活動在所有行動的次序中，始終排在首位。」

科普（Cope）教授在他詳盡的演說裡，用清晰簡短的話語表達了心智的優先地位及其所具有的創造性能量。他說：「結構就是心智透過對物質進行控制所產生的影響。」可以說，沒有比這更加明確的闡述了。幾乎生理的所有結構都是透過心智創造出來的，所以心智活動是人類所有活動的一個根本原因。

一位學者這樣說：「生物學上有這樣一句話，那就是功能

走在機能之前。同樣，我們也可以說正是身體的必要性才讓這些功能不斷得到發展。從相同的意義上看，我們可以說事物存在的必要性是發明的泉源。顯然，使用這樣的途徑去實現某個特定的目標，說明了某種特殊潛能之前就已經存在了，而這些潛能只是尚未得到開發而已。因此，在大腦成形之前，人的心智肯定就必然已經存在了。」換言之，正是這樣的必要性首先存在了，之後才可能產生任何一種行為。但是對這種必要性的認知其實就是一種心靈的行為，而這樣的心靈行為又走在所有其他行為的前面。

達爾文學說最好的贊同者，著名的拉馬克（Lamarck）教授這樣說：「真正形成習慣或者某種特殊功能的力量，並不存在於器官或者身體的本質屬性上；相反，習慣、生活方式以及個人所處的環境都與此息息相關。經過一段時間的訓練，這就會變成身體行為的一種常態，從而影響身體器官的運轉，讓身體器官能夠發揮正常的功能。」

科普教授說：「一般來說，按照時間順序來排列的話，生命是走在身體結構之前的，而我們的論述也是基於這樣的大前提。」在談到與「使用或者功能法則上」的關聯時，科普教授接著說：「無論是在直接或者間接的層面上說，動物的結構都受動物本身行為的影響。因為動物的動作首先是由感知、意識所決定的，而意識則是動物形態演進的一個首要因素。一個行為的發端其實就源於意識。」所有這些都指向了一個事實，那就是心智是機能結構的發源，因為意識就代表著心智的某種活動。

伊凡斯（Evans）教授在談到初始行為的時候，也談到了相同的一件事。他說：「動物體內的微生物就好比是植物的種子，每一個能夠在未來發育的群體都具有富有生命力的思想。這樣的思想會按照自身的形態去建構起來。正是這樣的功能（思想）創造出了恰當的器官，而不是器官本身就具有這樣的功能。比方說，心臟是用來跳動的，心臟這樣的功能，在心臟肌肉仍處在原生質果膠的狀態下，就已經擁有了。所以說，正是功能，或者說思想，能夠在機能層面上得到展現。因此，我們可以說，這樣的功能或者思想對於整個身體的出現都是必需的。」

　　這種先後順序的排列肯定會得到無限的延伸。上面所引述的專家觀點已經能夠充分證明一個最為基本的觀點，即思考是所有行動裡最先出現的，所有的身體行動都追隨著思想的指引，從而產生最後的結果。

第七章
心智與身體的相互關係

　　心靈行為與身體行為雖然有著極為明顯的區別，但兩者卻也存在著極為緊密的關係。它們的關係就好比白天與夜晚，其間有黎明與黃昏。人類的心靈行為與身體行為同樣存在著這樣的關係，我們能夠像分辨白天與黑夜那樣分辨出心靈行為與身體行為。本章的目標，就是要讓讀者能夠對這兩者存在的相互關係有一個明確清晰的認知。它們的關係可以按照下面的順序進行排列：

1. 心智行為或者說思考，不管是有意的還是無意的，都要走在其他行為的前面。

2. 心智行為始終都伴隨著某種生理或身體的行為，不管我們對這兩者的關係或者聯結有怎樣的解釋。

3. 心智能夠察覺到自身對身體行為或者狀況所產生的影響。

4. 排在第二的心靈行為能夠與排在第一的、已經存在的心靈行為或者狀況相連起來。這兩種行為相連起來，反過來又會以相同的方式對第一種行為產生影響。當然，這其中需要第二種行為所賜予的能量。這樣的能量可以得到不斷增加、強化，否則身體行為或者狀況就不會出現任何改變。

　　也就是說，當人們察覺到身體狀況出現的變化是因為首先出現的思想所導致的時候，產生的這種心靈狀態其實早就已經

存在了。因此，一種全新的心靈狀態之所以會出現，就是因為它是由原始的思想所組成的，繼而讓身體產生了第一次的行為以及接下來的行為。按照這樣的順序，這兩者會再次結合起來，從而將兩種行為的能量聚集起來。透過這樣的方式，心靈行為與身體行為都會追隨著彼此，直到出現某些影響心靈行為前進或者改變的事情。

現在，我們可以非常清楚地看到，無論在什麼情形下，心靈行為與狀態始終都走在身體行為的前面。不僅心靈行為首先發源於身體行為，心靈行為本身之後也會透過身體行為得到不斷增加與強化。心智正是透過對身體狀況的認同，最後透過身體的行為才最終影響到身體進一步的改變。

正如之前所說的，心智可能是始於思想之中的，而這是獨立於任何外在事物的。因此，我們幾乎可以說，我們經常會「感覺」到純粹的思想，也就是說，我們可以認識到身體狀況的改變是伴隨著心智的影響，而不是因為任何其他的原因。正如詹姆士教授所說的，這是一種非常必要的存在。「所有的心靈狀態都會伴隨著某種身體的活動。」即使是那些我們無法注意到的思想，都可能引起自身的情感或者特性，最終透過事實呈現出來。如果心智裡面察覺到的思想發生改變的話，這樣的情感將會隨著思想的改變而發生改變。正因為思想本身是所有情感的泉源，並在之後為我們所熟知，心智甚至會注意到自身的行為以及身體其他部位或者外在事物所帶來的影響。這三樣東西甚至可能在心智中導致更進一步的影響，最後才在身體上表現出某種行動來。

初始階段的心靈行為，也就是所有行動系列中最開始出現的行為，幾乎可以說是即時出現的。這樣的初始行動通常都會被正在進行思考的人所忽視。但我們沒有察覺到這樣的事實，並不能改變這個事實是存在的現實，也不能阻止這樣的初始行動在體內所產生的影響。因為我們並不總是能夠察覺到心智初始或者原始的行動，因為接下來的諸多行為通常都是由某些特定的精神狀態所造成的，從而組成了這個系列的第二個動作。很多人都會將第二個動作錯認為最初始的動作。誠然，在心智本身注意到身體所處的狀況這些資訊時，的確會影響心靈的行為，正如當心智注意到任何其他行動或者與身體相關的外在行動的時候，也會出現這樣的情況。但是，我們絕對不能忽視這樣一個事實，那就是如果心智不能對這種身體狀況有所察覺，身體就不會出現任何變化。除此之外，幾乎在每個例子裡，我們都可以看到，不管是否察覺到了身體狀況出現的變化，這樣的身體狀況本身就是之前存在的心靈行為帶來的結果。

　　這一行為發生的次序可以透過下面這個人遇到熊的例子展示出來。

1. 人事先就在腦海裡儲存了許多關於熊是危險動物的印象。

2. 當他看到一隻野熊出現在樹林裡的時候，儲存在腦海裡的這些想法就會浮現出來，讓他感覺到危險降臨。

3. 正是因為他這樣的思想，也許他自己都沒有意識到做出了這樣的行為，他就決定自己必須離開這裡，擺脫危險。

4. 為了執行這樣的思想，他撒腿就跑。逃跑這樣的動作就是身體行為的表現，而在這樣的行動之前，人的腦海裡其實

已經進行了一連串複雜的思考活動。如果他之前沒有關於熊是很危險的這種思想，或者沒有意識到熊就在自己附近（這也是一種心靈活動），那他根本不會跑。正是那種造成他恐懼的思想最終促成了他逃跑的動作。

5. 當他邁開腳步，開始逃跑的時候，心智就會注意到隨著自己的跑步，身體出現了一些全新的變化，而這些變化可以說都是不和諧的變化，只能繼續增強之前那些不和諧的想法，雖然他之所以逃跑是因為之前的恐懼思想，但他的逃跑卻是因為自己感到的恐懼，逃跑的行為反過來又增強了恐懼的心理，導致他跑得更快。

6. 這種出現的全新恐懼狀態就是因為他覺得自己需要跑步離開危險的熊造成的，但逃跑的行為只能夠增添恐懼感，接下來就開始出現恐慌的情緒了。

7. 當他意識到自己跑到一個相對安全的地方，覺得自己已經很安全的時候（此時這樣的意識其實也是心靈活動得出的一個結論），那麼安全的感覺又會重新取代之前的恐懼心理，從而讓他停下奔跑的腳步。

他所面臨的情況可能會更加糟糕。當他意識到熊就在附近，想到這樣的壞事情竟然發生在自己身上的時候，他可能會變得極度緊張，導致出現身體癱瘓，根本無法移動的情況。他感受到這種強烈的恐懼，就是因為意識到了自己沒有能力移動身體，從而導致身體似乎失去了能力。最後，他有可能因為這樣的驚嚇而死去。他的恐懼思想最終將他殺掉了。

如果純粹從生理層面去看待這個問題，生理學家會告訴我

們，人體記憶體在兩種神經纖維，這兩種纖維都是與神經節連結在一起的，每一種神經纖維都具有完全不同的功能。詹姆士教授就曾在他的著作《心理學原理》（*Principles of Psychology*）裡用非常明確的語言闡述了他的觀點：如果從解剖學的觀點去看，神經系統主要可以歸為三大類，包括下面三種類型：

▶ 那些負責傳送神經訊息的纖維。

▶ 那些負責重新指引神經訊息的器官。

▶ 那些能夠執行這些訊息的神經纖維。

如果從器官的功能層面去看，我們可以看到諸如感知、中樞神經的反射以及 運動，這些都與神經纖維的各個分類形成回饋。詹姆士教授提到的第一種神經纖維，其實就是那些能夠讓我們對來自外部世界的消息產生全新意識的。這就好比當我們的手指觸碰到一個針頭的時候，會感到無比刺痛。我們聽到火車引擎發出的轟鳴聲，或者看到一個動物的身影或任何外在事物的景象，這些都是感知可以告訴我們的。第二種神經纖維，或者說「重新指引神經訊息的器官」，也就是指大腦與神經節，或者拓展到諸如神經中樞等器官，這些器官都是可以不需要從外在的世界裡接受這樣的改變，從而讓我們在缺乏感知的情況下去做出機械的行動。這樣的行為也只能夠透過智慧傳送的間隙去進行解釋，因為每個行動都需要按照先後順序去完成。每一個神經節都是一個可以讓心智能夠與之進行接觸的器官，從而讓我們更好的對此進行控制或者更好的對自身的行為施加影響。至於最後做出怎樣的行為，這都取決於心智在接收外在印象的過程中所保持的自律程度，此時，心智活動似乎能

夠透過自身傳遞出來的資訊，對外在的物質進行控制。最後，第三種神經纖維能夠讓這些器官做出一系列遵循心靈指引的行為，做出一些符合規範的行為。

　　耶魯大學的一位教授也曾用富有技術性的語言準確的描述這些行為以及神經功能，從而讓我們對外在事物以及接下來的身體行動更好的產生感知。我們必須要明白一點，那就是刺激所產生的機械或者化學上的行動會對感覺器官產生影響，從而引起向心神經的軸突出現神祕的分子活動。而這樣的活動本身會逐漸擴散，表現出毫無規律的狀態，最後進入中樞神經裡面。這個過程雖然顯得無比神祕，依然無法為我們所理解，但卻為我們產生有意識的感知提供了一個重要的基礎。要想了解這些事情，我們就需要知道這些感知的器官到底存在於什麼地方。這需要我們透過嚴謹的科學研究，從生理與心理精神層面解答其中涉及的最為重要的問題。

第八章　外在事情的影響

思考是人類所有行動中最先出現的行為，但在很多情況下，外在的事情看上去卻是走在思考活動前面的，並且讓我們直接產生了這樣的感覺。無論外在的事情對我們的思考具有怎樣的暗示，行為發生的次序依然會繼續出現。

第一，外在的事件發生了。

第二，我們開始對這些事件進行思考。

第三，我們做出了一些源於思考的身體動作。

第四，我們陸續做出一系列的行為。

當我們看到某件事情發生了，就會對這樣的事情進行思考，之後就會做出行動，最後這樣的行動就會產生一些結果。影響著我們行動以及決定這些行動所具有品格的因素，其實就是我們的思考，而不是這些行為發生的先後順序。很多人錯誤的認為，外在事件是影響我們行為的最大力量。我們之所以會落入這樣的錯誤觀點之中，其實就是因為我們未能很好的注意到思考這個過程本身所具有的價值。

設想一匹受驚的馬從主人手中逃跑，朝著一個正在大街上玩耍的小女孩衝過去的情景。大街上其他行人肯定會預感到即將發生的事情。其中一位行人可能會充分發揮自己的想像力，但卻根本沒有調動自己的心靈活動，只是想想，自己就陷入了無盡的恐懼當中，並且最後因為恐懼而全身癱瘓。另一位行人

第八章　外在事情的影響

可能只是想到了自己可能會遭遇的危險，呆呆的站在那裡，或者全力奔跑，想要擺脫這樣的危險。還有一位行人則是不斷比劃著手勢，也許還出現了大聲叫喊的情況。他們做出這樣的行為，其實都是因為自身的心靈受到了外部的影響，從而讓原先正常的思想陷入一種混亂的狀態，引發了內心的恐慌情緒。要是在場的某個人之前就已經見過這樣的情形，他可能就不會對此感到過分擔憂，也不會做出與此相關的動作。還有一位行人也看到了與其他幾位一樣的情景，但他卻產生了一種完全不同的想法。他會急中生智，馬上估算馬與自己的距離，同時計算馬奔跑的速度，然後想著用最快的速度朝著那個小女孩衝過去，營救她，使她免於危險。

在上面的論述裡，我們可以看到：第一，逃跑的馬這一外在的事件會為人們帶來各種不同的心理暗示。第二，每個人都會產生不同的想法。第三，每個人都會根據這樣的想法做出不同的身體行動。

雖然這些人都面對著相同一件事情，但他們卻做出了不同的反應，歸根結柢，最後決定我們做出何種行為的因素，始終都是我們自身的思想，而不是外在發生的事情。這是沒有任何例外的。無論是在面對外在事情、心理暗示或者行動之間，走在最前面的肯定是自身的思考。要是沒有了這樣的思考，我們根本就不會做出任何行動。任何外在的事件或者心理暗示都不可能決定我們該採取怎樣的行動，因為它們都沒有那樣的權力。最終決定我們採取什麼行動的，只有思想本身。無論是對大人還是小孩而言，他們做出的身體行動都需要遵循這一事

實。無論是在面對重要的事情還是微不足道的事情，不管我們是對此有所觀察還是毫無意識，事實都是如此。

在上面提到的那個例子裡，在場的每個人之所以會做出不同的行為，就是因為他們產生的思想是不一樣的。最原始的區別就在於他們思考的區別。大街上的每個人都看到了相同的一件事，如果說發生的這件事具有某種控制或者指引的力量，那麼每個人都會做出相同的行為或動作，就不會出現每個人都做出不同反應的問題了。而事實上，在場的許多人做出了迥異的行為，就是因為他們產生了不同的思想。

倘若有兩個人在一個農場裡走路，他們都在不經意間看到了一群羊在吃草。其中一個人可能會產生一種喜歡上這些動物的想法，對這些動物充滿了興趣，並且懷著愉悅的心情看這些羊。另一個人的想法則可能朝著與第一個人完全相反的方向前進。他可能會對這些羊群產生一種恐懼心理，而這樣的恐懼心理不斷地在他的腦海裡重複，讓他開始感到驚慌。這兩個人最後做出了完全不同的行為，就是因為他們有著不同的思考。其中一個人懷著愉悅的心情靠近了羊群，而另一個人則恐懼的跑開了，因為他並不知道自己所感到的危險其實完全是自身的想法所導致的，反而認為這樣的恐懼感是因為看見羊群所導致的。如果說看到羊群是他感到恐懼的真正原因，那麼另外那位勇於靠近羊群的人也應該感到同樣無比恐懼。所以說，在很多情況下，我們都是在面對著類似的情況，將自身所犯的錯誤歸咎於別人，其實真正犯錯的是我們自己。

再列舉一個在現實生活中發生的真實且極端的例子，這個

例子可以很好的闡述思想所具有的能量。這個例子發生在印第安人部落裡。對絕大多數的印第安人來說，吃人的老虎是最讓他們感到恐懼的，所以為了抵禦老虎，他們製造與運用了各種武器。而另一方面，印第安人對關於老虎的思想，又與此完全相反。他們勇於孤身一人，在不攜帶任何武器的情況下走進森林，最終毫髮無損的走出來。如果那些恐懼老虎的人能夠按照這些人的思路去思考，那麼他們也能夠做出同樣的事情，並且最終做到這樣的行為。一個人的思想發生了改變，將會完全改變他對動物的看法，也會改變動物對人類的看法。

這就是某些人總是能夠去做一些在其他人看來不可能做到的事情，或者去做一些他們認為會對自己造成傷害的事情，但這些人最後都沒有遭受任何傷害。其中的差別就在於他們有著不同的性情、身體條件、個人特質以及個性方面的其他特性。我們可以說，這其實就是由心靈狀態所決定的 —— 也就是我們的思考 —— 每個人都喜歡自身的思考，不管這是我們已經察覺到的思考，還是在不知不覺中就感受到的思考。所以，這通常都是接受的教育或者自身習慣所帶來的一種結果，而正確的習慣是可以透過持續的正確思考養成的。

我們並不需要更多的例子或者論述，去證實我們的情感與感覺其實並不像我們在一般情況下所想的那樣，即某些外在事情對我們所施加的影響。我們所做的任何行為都是由自身的心靈狀態所決定的。如果我們的思想發生改變的話，我們接下來的所有動作都會發生變化。這樣的理論已經被歷代所有睿智之人認同。莎士比亞（Shakespeare）曾經這樣說：親愛的布魯圖

斯，錯並不在我們的星星上，而在於我們自己，因為我們才是自己的主宰。真正犯錯的並不是身外的事物，無論這些事物離我們是遠還是近，而在於我們自身的思考，也就是我們自己身上。七百多年前，聖伯爾納鐸（St. Bernard）曾說：「只有我才能夠傷害自己。傷害到我的事情都是自己犯下的，我是這些錯誤真正的承擔者，這些痛苦並不是錯誤所造成的。」我們在此所談論的原則都是對他這段話的一種重申與肯定。真正犯錯的就是自身的思考。我們可以透過改變自己的思想，來改變行為的方向，以及改變自身所處的環境。

我們對造成危險的原因的感知，其實都源於自身。要是我們無法擺脫這樣的恐懼心理，再怎麼逃跑都是沒用的。即使那些隱居山林的惡人，如果心裡始終惦記著世俗的事情，他的修道生活最終也會失敗，永遠的失敗。真正摧毀這些隱居者修道的事情，並不是他們所面臨的誘惑，而在於他們自身的思想出了問題。無論在什麼情況下，我們都可以看到，外在的事情並不起最為重要的作用，真正具有決定性作用的，始終是我們自身的思想，因為思想能夠指引、控制與決定我們該朝著怎樣的道路前進。

第九章　法則

　　為了更好的進行深入的探討，我們可以將所有的思想分為兩種類型，一種是和諧的思想，另一種是不和諧的思想。

　　「每一種思想都會帶來相應的結果。」這句話可以說是人類歷史上最為古老的箴言。其實這句話不過是從哲學層面上，通俗的闡述了事物之間的因果關係，這樣的關係，透過觀察人類的生活以及行為就可以了解到。可以說，去做一件事情的動機品質必然決定了這件事情最後結果的品質，而這樣的結果必然又與原先的動機是相對應的。因為思考是人類所有行動的泉源，所以思考的品質也必然對最後的結果產生影響。所以說，正確與和諧的思想必然能夠產生正確與和諧的狀況，而錯誤與邪惡或者不和諧的想法必然會產生錯誤、邪惡以及不和諧的結果。所以，對思想的控制是最為重要的，因為這能夠對動機進行控制，而對動機進行控制，其實就是對結果進行控制，因為最終的結果取決於做事的動機。

　　農民種植玉米，玉米不斷生長。年幼的動物也具有這樣的生長能力。即使按照進化的理論來看，我們也能夠看到，即使就不同的事物進行闡述，也會發現相同的原則。因為進化主義者會告訴我們，這些行動會產生改變，從而使最終的狀況符合其原先的類型。鍛鍊自己的手臂肌肉能夠讓我們的手臂變得更加強壯，鍛鍊手指的靈活性會讓我們的手指更加靈活，依此類

推，心靈的訓練也能夠讓我們的心靈獲得同樣的能量。懶惰很容易讓人身體變得萎縮，而從事一種全新的活動不僅能夠增強器官的能量，而且能夠保證該器官的健康。

長期以來，真正懂得這個原則的人並不多。正如那句諺語所說的：「放聲大笑，慢慢長胖。」還有莎士比亞在談到「身體羸弱、飢腸轆轆的凱西斯」時所說的這句經典話語：為過去一個錯誤痛惜與悲傷，其實就是在為自己製造全新的錯誤。不過，我們現在的論述要比上述這些諺語更加直白。

一般來說，人們都已經了解到了一點，那就是悲傷、恐懼與憤怒的情緒會縮短我們的壽命，有時當上述這些情緒處於一種極端的狀態下，甚至可能會在瞬間將我們殺死。而知足、平和與滿足的感覺則會為我們的身體帶來正面的影響，並且對延長我們的壽命是非常有幫助的。不安、焦慮、疑惑與絕望都會讓我們看不到人生的希望到底在何處。痛苦、貪婪、好色、嫉妒等心態，都會讓人去做各式各樣錯誤乃至犯罪的行為，其中就包括謀殺等極端錯誤的行為。

這樣的思想會在他們的心靈裡留下惡意的汙點與形態。如果他們養成了這樣的習慣或者時刻保持這樣的思想，就可能在他們心靈中留下永恆的汙點。「即使是一時的憤怒、不安、貪婪、好色、恐懼或者仇恨的思想，都會影響我們的心靈，損害我們的呼吸系統，讓血液的流通變得緩慢或者加速，改變身體的化學成分。」這些結果其實都是與我們的思維方式息息相關的。這樣的結論已經被大多數人所了解，在此必須進行更多的闡述與解釋。好的思想產生好的結果，壞的思想產生壞的結

第九章　法則

果。沒有例外。

　　讓人遺憾的是，直到現在，依然還有很多人想著去研究那些邪惡的思想與結果，而不是想著如何去運用好的思想來幫助自身。但即使是這樣的研究，都不會否認一點，那就是和諧的思想不會造成邪惡的結果，或者說邪惡的思想不能產生好的結果。「愛不會為人帶來傷害。」這是老生常談的一句話，即使以消極的心態去看，也不會有人對這句話表示質疑。很多人也會用肯定的語氣這樣說：「愛只會為人帶來好處。」類似的話語都適用於那些正面與和諧的思想。

　　誠然，有時候會出現好心做壞事的情形。特別是對那些從善意出發最終卻獲得了不好結果的人來說，這樣的事情真讓人感到遺憾。在所有這樣的例子中，倘若我們對其中的原因進行準確分析，就會發現這些所謂的好心人的內心裡，其實潛藏著某些惡意，只是這些惡意沒有被當事人發現而已。因此，無知通常都會讓我們對事物所具有的品格進行錯誤的判斷。

　　至於錯誤的思想對身體所產生的影響，我們可以看看那些科學界的權威人士對此的看法。霍爾校長曾就這個話題這樣表示：「頭髮與鬍子的生長速度是緩慢的，這已經從實驗中得到證實了。當一位商人在長達數月的時間裡一直處於焦慮狀態時，他的鬍子生長的速度就會變慢。感到快樂是非常重要的一件事。擁有知足之類的心態是非常重要的，這也可以說是科學研究的最高領域，也是最為純粹的宗教信仰。」

　　蓋茲教授則對此進行了一個非常有趣的試驗。他找到了一個彈簧，用來訓練試驗者拉伸的力量。某位試驗者被要求用手

指去拉伸彈簧，直到最後手指發麻，沒了力氣。但是，蓋茲教授要求此人在手指恢復力量之後，繼續不斷重複這樣的拉伸動作，直到他能夠自然的進行這樣的動作。在這之後，他要求試驗者去想一些可能會為他們帶來不和諧思想的事情，比方說最讓他們感到悲傷的事情，或者想想那些他們最恨的人。在某個時候，試驗者甚至要閱讀狄更斯（Dickens）的小說中關於小內爾死去的故事。在關於這個主題進行了大量的思考之後，試驗者的心智充滿了這樣的思想，然後再去做拉伸彈簧的動作。結果發現，當人處在這種壓抑的情緒下的時候，身體所具有的力量要遠遠低於正常狀態下的力量。與此相反的是，諸如愛、平和或者任何正面的和諧思想，都能夠增強人的身體力量。很多類似的實驗都已經證明了類似的結果。

所有這些事情看上去都非常美妙，因為它們都是以正面的姿態呈現出來的。當然，這也是每個人在日常生活中可以感受到的。其實，日常生活中還有許許多多這樣的例子，都可以證實這樣的觀點。很多人都發現，當一個人通宵玩耍後，第二天會出現身心方面的疲憊。而要是一個人非常勤奮的工作，那麼第二天幾乎也還能精神飽滿。這是因為在前一個例子裡，當事人的思想沒有處於一種和諧的狀態，而在後一個例子裡，當事人的思想處於一種和諧的狀態。

詹姆士教授在談到與這種思想存在的直接關聯時，這樣說：「我認為，我們所做工作的屬性以及數量的多少，都是可以對神經崩潰的頻率或者嚴重性進行解釋的，但是這些人之所以會面臨這麼嚴重的後果，就是因為他們始終讓自己陷入一種

荒唐的、匆忙的狀態當中，認為自己沒有時間去將事情做好。在這樣一種始終感覺自己缺乏時間與精神緊繃的狀態下，他們就失去了心靈的和諧與完整。簡言之，要想將事情圓滿的做好，必須首先調整好自己的心態。」其實，真正造成精神崩潰的重要原因並不源於工作本身，而在於我們在工作的過程中所懷有的那種不和諧的思想。不確定、不安、焦慮、恐懼，這些情緒都可以摧毀一個人。如果一個人始終懷著積極正面的思想，那麼他可以承受許多工作，因為他的心智始終處於一種冷靜、確定、勇氣與自信的狀態中。

蓋茲教授從對心靈狀態對身體系統的影響所做的研究中得出結論，每個人所處的心態會影響到他們的呼吸，從而讓身體製造出一種物質。一些人因為某些事情瞬間處於極其憤怒的狀態，會讓自己的氣息變得極不順暢，影響到身體功能的正常運行。不和諧的思想還會產生另一種物質，如果將這樣一種物質注射到白鼠或者小雞身上，這種毒素足以將牠們殺死。因此，蓋茲教授用無比明確的語言來表達自己的結論：「每一種錯誤或者不愉悅的情緒，都會在體內產生某種毒素，影響細胞組織的正常運轉。」蓋茲教授用下面的話進行總結：「我的實驗說明了一點，那就是憤怒、惡意與壓抑的情感，會在人的身體內產生一種有害的物質，其中一些物質還具有極強的毒性。當然，讓人愉悅與快樂的情感也可以產生一種對身體有價值的物質，從而刺激細胞更好的釋放能量。」

我們還需要從日常生活中舉一個例子。這個例子是從很多人的生活中選出來的，因為這個例子比較極端又典型，但其真

實性卻不容懷疑。很多相似的事情都可以在醫學書籍裡找到紀錄。

　　一位母親有著強壯的身體，充滿活力，而且為人不是特別敏感，神經發育正常。她的小孩也非常健康。一天，這位母親因為某些事情突然變得極其憤怒，沒過多久，小孩就因為要吃奶而哭起來，於是她就讓孩子吮吸乳汁。吃完奶沒多久，這個嬰兒就開始出現痙攣，幾個小時之後就抽搐著去世了。很多醫學權威都認為，這是母親的憤怒所導致的。我們並不需要重新回顧蓋茲教授之前所做的實驗，來證明這個嬰兒是被母親的乳汁毒害的。憤怒的心靈會讓人產生一種毒素，這樣的毒素透過母親的乳汁進入到孩子體內，最後將孩子殺死。類似的事情可以得出同樣的結論，雖然每一種心靈狀態在表現程度上存在差異，但這樣的事實已經被醫學權威們證實了。

　　如果不和諧的思想產生了不和諧的結果，那麼和諧的思想就必然會得到同樣和諧的結果。如果我們認真尋找這樣的例子，可以找到許多。在尋找的過程中，人們遇到的唯一問題通常源於這樣一個事實，那就是人們通常都會透過對外在表現進行壓制，來隱藏自身的情感。

　　所有這些理論並不都是原創的，雖然它們看上去相當新穎。我們可以從《所羅門的智慧》（*Wisdom of Solomon*）一書中看到這樣的句子：「一個人犯下了怎樣的罪孽，他就要遭受怎樣的懲罰。」這句話說明，類似的思想至少已經被三千年前的一位聖人所了解。而在更早的時候 —— 當然具體的時間沒有人可以確定 —— 一位睿智的印度佛教徒曾說過：「我們所面對

的一切都是自身思想的結果。這一切都根植於我們的思想中，從而構成了我們的思想面貌。如果一個人帶著邪惡的思想去說話或者做出行動，痛苦自然會追隨著他，就像輪子追隨著不停轉動的車子。」

雖然這是一段相當富有說服力的話，但很多人都不會對此感到過於意外，這也是情有可原的。因為這些話所傳遞的道理幾乎都是我們在日常生活中可以感受到的。在每種情形下，我們所做的行為都是與自身的心靈狀態相吻合的。不和諧的思想會讓我們的身體變得羸弱，毒害原本健康的身體系統。和諧的思想則讓我們充滿能量，不斷製造出對身體有益的物質。

從道德的層面上看，就會發現這樣的事實更加明顯，因為這始終與我們想要做的事情息息相關。一個人可能會對自己的鄰居感到憤怒，甚至對他產生敵視的心理。這其實就代表著一種心靈狀態。或者正如麥考什所說的，任何一種情感都是由意志與心靈行為所造成的。對每一個認真觀察他的鄰居所作所為的人，都可以看到這一明顯的事實。因為他對其他人所表現出來的態度，與對鄰居表現出來的態度可能截然不同，這就是因為他在面對其他人的時候所持的心態與面對鄰居時所持的心態不一樣。一個人的心靈狀態可能會讓他有覬覦他人的財富的想法，這個時候，他的判斷力（這也是他自身心靈活動所產生的一個結果）就會失去平衡，讓他產生了要去偷竊別人錢財的想法，最後就會將這樣的想法付諸行動。而對另一個心智平衡的人來說，就不會產生這樣錯誤的想法，他覺得如果自己想要賺到更多的錢，真正應該做的，是透過自身誠實的努力去賺錢。

這些人所做的不同行為，其實與他們心中懷有的不同想法有關。顯然，其中一個人的想法是極其錯誤的，而另一個人的想法則是高尚的。

在說了這麼多之後，我們可以用簡短的語言做一番總結。雖然每個行動在發生的次序方面都相當連貫且迅速，但兩種相互排斥的思想不可能同時存在於我們的心靈當中。每一種思想都會讓人的行為產生類似的品格，這一點不會發生變化。如果我們將其中一種思想排斥出去，另外一種思想就會透過我們的行為表現出來。如果一個人想要避免那些不和諧的思想，不讓自己的身體、心靈或者道德功能失去能量，他就應該將自己所有不和諧的思想全部清空，然後用和諧的思想去填充這些空缺。這個過程需要我們好好的培養。思考本身就是一種因果方面的關係。如果能夠將不和諧的思想從心智世界裡排除出去的話，這些不和諧思想就不會對我們產生任何負面的影響。可見，決定我們行為方式的準則非常明顯與簡單：心智裡存在著不和諧思想的情形。這一法則其實就是一個拋棄原則的表達方式，這樣一個原則自人類存在於這個世界上起就已經有了。要想真正解決一個問題，我們就必須從根源上來解決。就好比如果我們想砍一棵樹，不應該只是砍掉樹葉和樹枝，而應該砍掉樹根一樣。我們應該遠離任何邪惡的思想，這在現實生活中是以「你不應該這樣做」呈現出來的。這樣的事實在人類遠古時期就已經存在了。這種規避的方法始終在倫理與道德的教義中占據重要的地位。兩句從不同角度闡述的諺語，一句是「不要做壞事」，另一句就是「做正確的事」，這兩句話從不同角度講

述了這個事實。它們就像一根鐵鍊，將我們緊緊捆在一起，牢不可破。這兩句諺語相互交融，無論在理論上還是在現實生活中，都表達了一個意思。我們應該從道德層面上避免做任何錯誤的事情，同時要去做正確的事情。因為這樣做能夠激發每個人的良知，讓每個人都想要不斷提升自己。倘若我們遵循這個原則，就能更好的看到人類的本性，更好的處理造成人類所有行為的原因。這將有助於我們最後獲得圓滿的結果。

第十章　不和諧的思想

上一章提到的法則是極其重要的，因為它能夠幫助我們更好的清除邪惡的源頭。既然如此，我們又該怎樣滿足這樣的要求？首先，我們要做的就是判斷哪些思想屬於不和諧的思想。

這些思想都具有微妙的隱晦性，通常都會隱藏它們真實的屬性，讓很多人根本看不清這些思想的真實面目。一些人對這樣的事實幾乎沒怎麼注意，從而放任不和諧的思想持續的占據著他們的心智。除此之外，還有很多思想其實都可以歸類為不和諧的思想，但這些思想卻被很多人錯誤的認為是積極的思想，反而對這些思想進行認真的培養，而對那些不重視這些思想的人加以指責。當然，這些人的行為並不能改變最後的結果。所有這些錯誤的思想最終必然會讓我們陷入一種更為混亂的境地。不和諧思想的榜單是非常長的，如果某人想要努力將這些不和諧思想趕出自己的心智，他們就需要認識與了解這些不和諧思想的真實屬性與特質，只有這樣才能真正做到這一點。要是我們從一開始就能夠這樣做，接下來就會變得非常簡單。

當然，諸如憤怒、仇恨、貪婪、好色、羨慕、嫉妒以及所有帶有惡意的思想都是我們可以立即識別出來的，都會將這些思想歸類為不和諧的思想。當然，這個榜單上還需要加入悲傷、悔恨與失望。恐懼、疑惑、不確定以及缺乏責任感、不安、焦慮與絕望，都屬於不和諧的思想。當然還有一些思想屬

於這些情感的集合，其中包括自我譴責、自我意識、自我貶低、羞恥與懊悔等。

　　所有罪惡或者錯誤的思想，就其屬性來說，都屬於不和諧的思想，而所有不和諧的思想必然都是錯誤的。當然就錯誤一詞本身所具有的含義來說，也不是所有不和諧的思想都是帶有罪惡的。

　　一個錯誤的思想可能會嚴重影響到我們對自身行為所做的決定，這樣的事實可以說明一點，那就是即使程度並不嚴重的不和諧思想，最終都可能以極端的方式呈現出來。心靈狀態的品質有時不會在其表現的強度方面有任何改變。源於某種思想指引的行為，必然具有與其思想相同的屬性，而不管當事人是否出於無知，比如誤解或者任何錯誤的思想。要是我們懷著譴責的思想，就會發現這種思想即使處於中度的狀態，也會與另外一種思想混合在一起，從而對我們進行自我欺騙，讓我們將這樣的思想與其他思想混在一起加以看待，並認為這是一件值得讚揚的事情。

　　當然，我們也可以說，如果一個物體的重量沒有達到特定的數目，它就屬於其他的物體，也就是說，處於溫和狀態下的不和諧思想會轉變為其他思想，原先的強度從而發生改變，最後沒有對我們帶來任何傷害。1 噸就是 1 噸，1 磅就是 1 磅，這種類比只能在同類事物中進行。每一種行為都可以按照相似的比例表現出來。如果說 50 磅的重量能夠壓垮一個支架的話，那麼 25 磅的重量可能會為支架帶來嚴重的壓力，10 磅或者 1 磅的重量都會按照各自的程度對支架造成影響。

心靈的狀態與心靈的品質以及行動都是統一的。任何程度的憤怒無論以什麼形態表現出來，始終都屬於憤怒的範疇，不管我們對此有怎樣的稱謂。即使當我們認為自己的憤怒情有可原的時候，也是屬於憤怒。我們處在某種情緒的強烈程度，與我們帶來的破壞成正比。一種思想是絕對不會與另一種思想結合起來實現變形的，這並不像氫氣與氧氣在產生化學作用之後就會變成水。一種思想本身是不會與另外一種思想形成關聯的。

　　所有人都了解到了一點，那就是極端的情感有時會將一個人殺死。也就是說，當一個人過分沉湎在某一種情感中時，他可能無力抵抗任何其他的情感襲擊。當然，當某種情感以輕微的程度展現出來的時候，他可能對此毫無察覺。如果某種極端的心靈狀態會產生災難性的結果，那麼中等程度的心態也會產生中等程度的壞結果。雖然最終造成的損害不是很大，但依然會為我們帶來某種程度的傷害。我們原本可以將這些能量用於未來更好的行為上，但現在卻將這些能量用於消除這些不良結果之上。

　　疑惑的心靈狀態很少被視為不和諧的思想，相反很多人都會稱讚這樣的一種心靈狀態，或者至少為這樣的心靈狀態尋找藉口，說這樣的心態是不可避免的。雖然疑惑的心態是一種處於輕微程度的不和諧思想，但這樣的疑惑最終卻不可避免的讓我們變得猶豫不決。而當我們將疑惑的心態與自身的責任感連結在一起的時候，就會產生一種對未來前景不妙的期望，接下來就會產生以不安與焦慮為表現形態的不和諧思想。這些思想

第十章　不和諧的思想

都是疑惑的心態造成的，因此只會存在於我們的心智世界裡。可以說，疑惑與責任，是產生焦慮、不安以及不和諧的心靈狀態的兩個重要原因。無論不和諧的思想在什麼時候出現，這兩個原因都會讓我們產生不和諧的思想。

不安的思想在很多時候都被我們視為情有可原、必需的，甚至是有好處的想法，因此一些人覺得產生不安的思想是值得讚揚的。當然，如果不安的思想只是處在一種輕微程度上的話，是不會產生什麼危害的。如果責任的擔子重重的落在我們的肩膀上，不安的思想強度就會增強，不安的真正品質就能夠透過心靈狀態展現出來，最後以不和諧的特徵清楚地呈現出來。不安的思想就其最為極端的表現形態來說，可以阻止我們獲得任何形式的進步。當我們熱切的希望承擔某種責任的時候，我們會毫不猶豫的去履行這樣的責任。但在執行的過程中，卻經常會發現不安的思想嚴重影響著我們最終執行的效果。可以說，不安的思想就源於疑惑與恐懼。然後，我們會發現焦慮與災難都是最終的結果，最後必然導致我們成為道德上的懦夫，對人生感到絕望。

很多人之所以不敢去做自己認為正確的事情，就是因為他們對最後的結果感到擔憂。最為常見的原因就是，他們害怕自己會在交易的過程中出現什麼差錯，或者遭遇什麼危機。其實，真正需要讓他們感到恐懼的，正是他們對自身的恐懼。正因為他們內心的恐懼，導致他們無法施展自己的能力。這樣的恐懼心理會嚴重阻礙他們做出任何有意義的行為。「我無法做到，因為我知道自己感到非常恐懼。」這句話就是那些受到

恐懼思想控制的人經常說的。那些沉浸在自身恐懼思想當中的人，往往會覺得沒有能力將任何事情做好。可以說，這樣的人是自己製造了災難，並且最終摧毀了自己。

關於恐懼，最錯誤的思想當屬這樣的想法：認為歷史上所有睿智的人在任何場合下都會感到恐懼，認為這是睿智的表現。當然，對古代的作家而言，他們認為上帝是一位專制且憤怒的暴君，時刻想著對人類的錯誤進行報復，所以他們當然會認為「對主的恐懼就是人類智慧的開端」。毋庸置疑，這些作家在談到恐懼時所要表達的意思，與我們當前所說的恐懼是同一個意思。但是，這些作家關於上帝的品格的構想是錯誤的。而他們的這些思想在之後很長一段時間裡不斷流傳開來，助長了人們關於恐懼的這種錯誤思想，導致許多人最終做出了錯誤的行為。

許多政府都是按照類似的錯誤方式組建起來的，政府官員希望能夠運用恐懼去對人們進行控制。無論是對小孩還是成人來說，當他們處於恐懼狀態的時候，都是不可能做到最好或者發揮出最佳水準的。但是，包括我們的父母、教會或者國家，都認為恐懼的心理對我們的成長是有幫助的，並且不斷宣揚這樣的思想。數以百萬計的人的生命就是因為這樣的思想而出現了矮化與扭曲，不知道有多少天才的計畫，都因為毫無必要的恐懼而最終被放棄。

匆忙是不需要我們去做出任何定義的。匆忙的感覺之所以會產生，是因為我們意識到自己必須要完成某些事情，或者必須要在特定的期限內完成某些工作。如果時間充足，我們就不

會產生這樣的匆忙感覺。如果時間看上去不夠，就必然會讓我們產生焦急的感覺，而匆忙則是最終呈現出來的表現。這種匆忙的感覺其實是由疑惑造成的，而疑惑又會產生恐懼心理，讓我們擔心自己不可能在特定的時間內完成這些事情。因此，我們可以清楚地知道，匆忙的根源就在於疑惑與恐懼。我們可以用言語去表達這樣的情形：「我很擔心自己不能按時完成任務。」這句話充分說明了那些人在匆忙的時候最喜歡說的是什麼，也表現了他們的內心充斥著不和諧的思想。匆忙的感覺究其本質存在於我們的思想當中，最終產生了特定的感覺。

　　拋棄匆忙的感覺並不意味著我們一定會失去任何讓自己喜歡的事物，相反，這樣做還會為我們帶來諸多好處。每個人都意識到：「欲速則不達」這句話是一個真理。由於匆忙的感覺所產生的心靈狀態反而會阻礙我們行動的步伐，這通常會造成做事不精確，有時甚至為我們帶來嚴重的後果。因此，就匆忙的感覺本身而言，與其他不和諧的思想一樣，其產生的負面影響也是與我們陷入其中的程度成正比的。只有拋棄這樣的思想，我們才能夠更好的運用自身的能量，提高工作效率。

　　悲傷的情感，無論以多少種形態表現出來，都會讓人感到痛苦。特別是當這樣的情感是因為朋友的去世所造成的，就會顯得更加強烈。很多人都將為別人感到悲傷視為心地善良的一種表現，認為這是對那些去世之人展現尊重以及愛意的一種方式。當然，這樣的情感的確是值得讚賞的，但這樣的情感本身與悲傷有很大的區別。很多時候，人們都用錯誤的眼光去看待悲傷這種情感，並且讚許這種情感的出現，其中的原因也非常

簡單，就是因為這樣的悲傷情感與我們自身的判斷力產生了混淆。在很多人眼中，要是在朋友去世的時候，我們不展現出自身的悲傷情感，就會被人看成冷血動物。這些人認為，為別人所犯的一些錯誤而感到悲傷，這樣的行為是值得讚賞與表揚的。但是，我們也應該明白一點，那就是極端狀態下的悲傷通常會嚴重影響我們正常的心靈狀態，有時甚至會扼殺我們的生命力。在很多情況下，當我們表現出來的悲傷情感過分強烈的時候，往往會讓受害者無法從中振作起來，朝著正確的方向前進。在我們所認識的人當中，必然有一些人因為生意上的失意而感到悲傷，從而讓自己深陷在這樣的情感當中，根本不知道還有其他人是需要支持的，不知道還有其他人要依賴他們。每個人幾乎都有這樣的經歷，看到一位母親因為孩子的夭折而感到無比傷痛，在那個時候，這樣的傷痛甚至讓她沒有能力去正常的履行自己的人生義務。很多這樣的悲傷，最終都會造成當事人的精神處於一種失常的狀態。誠然，所有比較極端的結果，都是過度的悲傷所造成的，但所有的悲傷都具有相同的品質，只不過極端情形下的悲傷只會增強我們自身受到損害的程度。蓋茲教授曾透過試驗證明了一點，那就是即使是中等程度的悲傷，也會讓我們失去正常的能量，無法更好的從事一些事情。這樣的事實是每一位認真的觀察者都應該看到的。

如果我們讚賞那種中等程度的悲傷，譴責那些過分沉湎於悲傷的人，或者在讚賞一些人因為傷心而出現的悲傷情感時，譴責另一些悲傷之人所做的行為，這樣的言論是自相矛盾的。如果極端狀態下的悲傷會對人帶來傷害，那麼中等程度的悲傷

同樣會對人帶來傷害，只不過在程度上有所區別而已。如果某些人應該努力避免這些悲傷的情感，其他人也應該這樣做。悲傷與遺憾，就這兩種情感的屬性而言，永遠都算不上一種可以為人帶來優勢的情感，因為悲傷與遺憾的情感永遠都不可能幫助我們改正過去所犯下的錯誤，不能協助我們消除某個前進道路上的障礙，也根本無法癒合我們內心的傷口。莎士比亞曾這樣寫道：「沒有人可以透過對傷害進行悲傷的感嘆，來彌合這些傷害。」莎翁的這句話多麼睿智啊！悲傷的感嘆只能讓我們的悲傷變得更加沉重，只能讓事情變得更加糟糕。

　　所有自私的情感，不僅就其屬性來說是不和諧的，而且從道德層面上來說也是非常錯誤的。雖然這樣的話聽上去可能比較刺耳，但如果我們能夠對此進行更加細膩的分析，就可以發現任何形態或者程度下的悲傷，即使是因為朋友的去世所感受到的悲傷，在很大程度上都是我們的自私情感所導致的。如果我們對悲傷者提出質問的話，悲傷者必然會承認一點，那就是真正讓他們感到悲傷的事實，並不是他們的朋友去世了，他們是為自己的損失而感到悲傷。可見，悲傷的一個重要根源就是自私。

　　如果基督教的箴言中還存在著什麼真理的話，那麼我們為所有那些去世之人所感受到的悲傷，其實就是與愛意本身相牴觸的。如果基督徒並不是完全相信他們所說的話或者所做的事情，他們就會了解到，自己並不應該為這樣的事實感到悲傷，相反，他們應該為這樣的事情感到開心，因為這樣的改變已經發生了，這是誰都無法改變的事實。

絕望其實就是情感在極端狀態下所表現出來的，這樣的情感顯然是不和諧的。表現出來的中等程度的絕望感覺其實也算一種不和諧的感覺，雖然這樣的情感往往都披著更好名聲的外衣。即使是很多人所稱讚的耐心，其實也是絕望情感的一種表現，因為他們不得不默認這一不可避免的事實。隱忍其實也是類似的情感。通常來說，基督教所提倡的隱忍，只不過是我們對一些錯誤思想造成的嚴重後果，所採取的一種讓人絕望的妥協態度。

　　絕望情感會以多種方式表現出來，許多人都會沉浸在這樣的感覺當中。通常情況下，我們都不會將這些情感歸類為不和諧的情感，但儘管如此，這些情感的存在還是極其危險的。因為這樣的情感最終會透過這樣的話語──「我做不到」表達出來。這句話表達了我們的一種極端絕望的思想，也表現了一個事實，那就是不和諧的思想會讓那些最強大的人都陷入能力不足的狀態中，讓那些最優秀、最睿智或者目標最堅定的人，都失去了之前的能力。這樣的情感會讓我們拋棄最佳計畫，讓我們無法釋放出自身的全部能量。無論這樣的情感存在於什麼地方，都會帶來極大的傷害。任何人只要陷入這樣的情感當中，都會對自己造成嚴重的傷害。

　　「我做不到」的思想，就是造成成功與失敗的根本原因。學校裡那些學習差的學生往往都是不想努力就直接對自己說「我做不到」的學生。而那些所謂聰明的學生，其實就是對自己說「我能夠做到」的學生。在開始階段，他們的差異其實並沒有那麼明顯，只是在面對困難的時候一名學生輕言放棄，而

另外一名學生繼續堅持。最後，其中一人品嘗了失敗的滋味，而另一個人則獲得了輝煌的成功。

「我做不到」的話語，只有用在拒絕那些錯誤的思想以及行為上，才是有價值的。即使是在這樣的情況下，這種「我做不到」的思想都始終無法讓我們以正確的思想去看待問題。在這種情況下，一種更正確、更有力的回答應該是：「我不會這樣做！」因為一個真正具有能量的人，是完全有足夠的勇氣去拒絕做一些他認為不正確的事情的。

「我做不到」這樣的思想往往會讓我們所有的行為都處於一種停頓狀態 —— 也就是陷入一種死亡的狀態中。「我能夠做到」這樣的思想往往會激發我們的鬥志，讓我們更好的釋放內在的能量 —— 這就代表著生命的活力。因為我們必須避免一切嚴重的錯誤，我們在產生了「我做不到」的思想時，就會停止這樣的思想。如果我們想要繼續保持旺盛的生命力，就應該持續的認為「我能夠做到」。那些永不言敗的人才能夠獲得最後的勝利。據說，格蘭特（Grant）將軍之所以能夠獲得輝煌的勝利，就是因為他永遠都不會讓自己承認失敗。那些認為自己已經失敗的人往往很快就會失敗，而那些認為自己必然會失敗的人，其實也不過是加速了失敗的過程而已。

一個人整天躺在床上，他的醫生說他的身體根本沒有任何疾病，所以他應該從床上爬起來，好好工作。事實上，這位醫生說得非常正確，這位「病人」其實就是自己思想的受害者。一天，煙霧進入了他所在的房間，其實這不過是醫生使用的一種方法，希望病人能夠從床上爬起來，但這個人卻認為房子著

火了。他產生了這種思想後，對他來說，著火就變成了一個事實。他忘記了自己原本擁有的能力。一旦他能夠將「我做不到」的思想從心智的世界裡趕出去，他就能夠在那個時刻迅速行動起來，起床，穿衣，然後衝出房間。但正是「我做不到」的思想牢牢的控制著他。

我們應該將諸如絕望、失敗或者失去希望等不和諧且具有毀滅性的思想全部趕走。無論身處何方，我們在進行心靈訓練的時候，都應該遠離這些不和諧的思想，千萬不能讓沮喪的思想進入心靈，即使我們在現實生活中的確面臨著嚴峻的考驗。相反，我們應該保持勇氣與活力，認真的研究自己所面臨的各種障礙，這樣做並不是為了打擊自信，而是想辦法去更好的消除這些障礙。如果某件事是值得做的，我們總有更好的途徑去將這件事情做好。如果我們始終懷著自信的態度，將所有疑惑的心態全部趕走，我們就必然能夠做到。

與沒耐心相比，耐心這種品質得到了世人高度的讚賞，但其實耐心與沒耐心是緊密相連在一起的。如果我們能夠對這兩者進行認真的審視，就會發現耐心所具有的品質與我們想像中是完全不一樣的。當我們將歸類為沒耐心的所有不和諧的思想全部趕出心靈世界之外，人也就根本沒有機會表現自身的耐心了，也就是說，當沒耐心從我們的心靈中完全消失之後，耐心也會隨之消失。這其中包含著許多微妙與欺騙的成分，因為要是沒有這些不和諧思想的存在，耐心也根本沒有存在的必要。在培養耐心的過程中，我們顯然多多少少都會讓沒耐心的感覺進入心靈。之後，人就會開始覺得自己應該放棄這樣的想法。

第十章　不和諧的思想

因此，還有比耐心更重要的東西，那就是當心智將全部的沒耐心都排除在外的時候所處的狀態。我們只有處在這樣的狀態，才有可能獲得良好的結果，正如錯誤的程度不是那麼嚴重一樣。耐心可能是一個人進步的過程中良好的停頓階段，但我們沒有必要將培養耐心視為一種終極美德，因為這樣做只會讓我們懷有一種錯誤的想法，有時這樣的想法與絕望的想法是非常接近的。

自我譴責以及與其相近的想法，都會被人們視為自身對錯誤的一種正確認知。一個人從出生到最後的死亡，都持續的接受著這方面的教育，無論是言傳還是身教，似乎每個人都需要懂得進行自我譴責一樣。我們要求小孩子為自己根本沒意識到的錯誤行為道歉。商人在教導那些沒有經驗的男孩時，必然會向他灌輸一種觀點，那就是男孩應該為自己的無知自責。道德家則會說，我們應該為自身錯誤的行為進行自我譴責。幾乎世界上所有的教會都建議我們以悲傷與遺憾的心情去面對罪惡，進行更深層次的懺悔，對自我進行更加深入的譴責，只有這樣做才是值得讚揚的。可見，幾乎在每個地方的倫理與道德層面上，自我譴責的思想都受到很多人推崇。

其實，自我譴責是對能量的一種極為可悲的浪費，這些能量理應被運用到修復之前所造成的傷害，以及盡量避免在未來犯下同樣的錯誤上。當然，這並不意味著我們要拋棄對良知的敏感度，削弱自身的判斷力，讓自己無法分辨出正確與錯誤的行為，更不是讓我們撲滅要去做好事與避免做壞事的想法。與此相反，當我們不進行這樣的自我譴責時，可以避免更大的能

量浪費，更好的運用智慧與力量去進行補救。

　　自我譴責的情感最多只能算是一種不和諧的思想，當然還有遺憾的各種表現形態，為失敗感到悲傷、對未來行動產生困惑與自我懷疑、擔心自己無法獲得成功、覺得自己沒有足夠的能力將事情做好、內心壓抑，這些情感都是自我譴責這種行為廣泛傳播所帶來的惡果。無論造成自我譴責這種行為的原因是什麼，自我譴責本身都根本無法修補任何錯誤，無法將錯誤變成正確的事，不能讓我們變得更加勇敢，無法恢復生命的活力，無法改變過去已經做過的事，總之根本無法為我們帶來任何好處。自我譴責所衍生出來的任何情感，都是勇敢與真實的人不應該理會的。因為將能量浪費在自我譴責上要比將其消耗掉更加糟糕，當我們懷著自我譴責的心態去工作的時候，必然會摧毀工作的成果。我們完全可以將這些寶貴的時間用於更好的恢復自身能量，從而更好的修復之前所造成的錯誤，讓我們恢復正常的狀態。一個人不需要繼續重複過去的錯誤與罪惡，也不應該因為過去的失敗而產生失敗的心態，更不需要因為這些事情而譴責自己。

　　如果自我譴責的情感在我們的心靈中占據著主導地位，就會讓我們對自身能力產生懷疑，讓我們無法正常的發揮自身的能量，做事缺乏效率，無法更好的按照計畫將事情執行好，更糟糕的是，這樣的情感會讓我們失去對心靈的控制。這樣的思想會在很大程度上削弱我們的鬥志，甚至為當事人帶來徹底的毀滅。世界上難以計數的墳墓，埋葬的其實都是那些自我譴責情感的受害者。自我譴責會衍生出諸多產物 —— 自我蔑視、

第十章　不和諧的思想

　　恥辱、悔恨與絕望——但是自我譴責卻被很多受過高等教育、富有智慧以及道德的人高度讚揚。要是他們真的明白自我譴責的真實屬性，他們絕對不會這樣做。

　　小孩不應該為「打翻的牛奶而哭泣」，這並不能說明他對浪費掉的牛奶表現出冷漠的態度，只是因為哭泣的行為只能阻止他獲得更多牛奶的機會。一個人不應該將時間浪費在自我譴責上，不應該為過去的行為感到悔恨，因為即使懷著堅定的信念與良好的判斷去做事，也並不能說明他對所有事情都非常了解，不能說他就具有辨明是非的充分能力，更不能說明他以後就不會重複之前的錯誤了。那些犯下罪孽的人，並不一定要穿著麻布衣服或者坐在骯髒的灰塵裡去證明什麼，因為即使他們沒有這樣做，也不能證明他們痛改前非的決心是不真誠的。

　　以基督教為例，耶穌根本不會向世人建議任何不和諧的思想。他指出我們的錯誤、缺陷與罪孽，然後讓人類以正確的眼光去看待這些問題，從來都沒有以此貶低人類。他告訴我們不要去重複這些事情。據人類歷史記載，在任何情況下，他從來都沒有建議任何人去為過往犯下的錯誤進行自我譴責，或者為此感到悲傷。他談到了懺悔與改宗，這些問題都是宗教建立的重要基礎。但讓人感到遺憾的是，我們當代透過英文了解到這些詞語的意義時，根本不能正確的表達希臘語中這些詞語所具有的意義，因為，這些字眼都出現在了《聖經・新約》裡。

　　希臘文中的「metanoeo」，翻譯成英文就是「repent」，詞典學家對此的定義是：「回過頭來看，改變心靈的看法與目標，改變個人的想法，產生另一種想法。」這個詞語根本沒有悔

恨、自我譴責或者任何與不和諧思想沾邊的意思。耶穌基督的箴言是希望我們能夠讓自己的心靈變得更好，永遠都不會將時間浪費在為過去的事情感到悲傷上。可以說，「repent」一詞在希臘文中的意思，與在英文中的意思完全不同，因為在英文詞典裡，這個單字的意思變得與悲傷、遺憾與自我譴責相連在一起，但其實這個字本身卻並沒有包含這樣的意思。當我們用這個詞語去描述那些做錯事的人，這個單字只是表達一種友好的意思，只是希望當事人能夠改變原先錯誤的行為，採取正確的行為，因為這個單字的意思只是「改變你的心靈」──而沒有任何添加的意義。

無獨有偶，希臘文中的「epistrepho」翻譯成英文的意思就是「convert」，這個意思根本沒有任何不和諧的意義存在。因為希臘文中這個單字就是「改變自我，轉變」等意思。用這個單字造句的話，可以說改變原先的錯誤。或者正如彼特（Pitt）在他的演說中所說的：「你應該改變自己的行為，否則罪惡可能會淹沒你。」、「改變你的心智，才能夠讓自己發生改變。」這樣的表述清楚地說明了一點，那就是這兩個單字之間的意義是相當接近的。也就是說，我們應該按照這個單字原本的意思去做，而不能按照後來人為添加的意義進行描述。無論是「repentance」還是「conversion」，都需要我們進行更好的了解，只有這樣，我們才能更好的改變自身。所以說，我們理應更好的了解這些字的意思，而不要被自我譴責、悲傷、恐懼或者其他不和諧的思想扭曲自己的心靈。

第十一章　如何控制思考

　　很久很久以前，古印度一位佚名的聖人說：「讓智者永遠不要失去對心智的控制。」他這句話如果能夠這樣改變一下，會顯得更好，那就是：「讓智者始終堅持對心智的控制。」也許，後面這句話才是他想要表達的意思，因為他這句話的真實含義可能會隨著時代的變化而被錯誤解讀。從他那個時代開始，在很長的一段時間裡，人類對關於心靈控制的觀點，都沒有抱著一種認真的態度。要想完全擺脫上一章所提到的那些不和諧、對人造成傷害的思想，就需要我們對心智進行很好的控制，只有這樣，才能夠透過完全的自我控制，獲得最讓人滿意的結果。這個時候，我們需要面對的問題就出現了，那就是我們該怎樣擺脫這些不和諧的思想？

　　其實，這個問題的答案非常簡單。不要去想這些不和諧的思想。將注意力從原先不和諧的思想中擺脫出來，轉向更積極的思想。改變原先的思維方式，將腦海裡所有不和諧的思想全部趕走，只允許那些和諧與有益的思想存在於心靈的世界中。

　　每一位對心靈活動及其規律進行觀察的人都會發現一點，那就是人產生的每一個念頭都會以非常快的速度發生變化，從而對外界發生的事情或者需求做出回饋。心態轉變的速度之快超出了所有人的想像，因為這些人幾乎從來沒有對這方面的內容進行過思考。當然，他們也會發現一點，那就是在平常的條件下，這些改變幾乎不需要我們進行任何估算。當然，所

有這些情況都是非常正常的，因為它們都是心靈活動的一種正常過程。其實，心靈做出這樣的活動，說明心靈正處於一種理想的狀態中。心靈會做出自然且理想的行動，因為所有有意為之的努力，都是按照我們要避開不和諧思想的過程去進行的。要想有意做出類似的改變，就需要我們做到一點，那就是每當不和諧的思想出現在我們的心靈當中時，我們需要將這些思想從心靈中趕出去，然後將注意力完全集中在和諧的思想之上。這就需要我們遵循心靈的法則，只有這樣才能獲得讓人滿意的結果。

在這個過程中出現的唯一不尋常的心靈活動源於心靈本身的衝動，而非外界的刺激。這樣的變化應該是我們有意為之的，因為這屬於我們自身的選擇，從而對某一認知的原則加以遵循，而不是在毫無選擇的情況下對外界的環境或者狀況做出回饋。如果我們覺得在擺脫不和諧思想的過程中可能會遇到困難，或者需要付出龐大的努力，就更應該立即擺脫這樣的思想，因為這必然將我們引向某種本可避免的思想。這種訓練的過程取決於自身的選擇，最後心靈的狀態也必然會對自己的選擇做出回饋。

很多心理學家都經常談到意志的訓練，導致意志這個詞語本身的意義蒙上一層陰影，讓很多人都無法對意志真正的意義有深入的了解。現在即使是不少最有智慧的人，都對意志的意義產生質疑。無論人們對此有著怎樣的看法，按照人們通常對意志的看法，意志其實就代表著我們去做某些事情的決心，讓我們在不需要有意識的努力之下做出選擇。而充分發揮意志的

能量，幾乎都伴隨著我們自身的努力，有時甚至需要付出很大的努力。最後，我們才能夠做出一系列行動，從而對自身的選擇做出回饋，因為這些選擇幾乎是所有行動的基礎，不管對意志的訓練有時看上去有多麼必要。

這個過程只會向我們提出一個要求，那就是將所有不和諧的思想全部趕出心靈 —— 就像將手中的石頭扔出去那樣拋棄心中的負面情緒 —— 當然，相比於充分發揮自身的能量，繼續堅持原先的消極心態顯然更加容易。將不和諧的思想全部拋棄的做法其實就是我們對自身選擇做出的一種回饋，這絕對不需要我們付出很大的能量，因為這都是我們按照「意志本身的意願去做的」。因為我們絕對不能對「意志」所產生的能量表示任何懷疑。

對思想的控制是心智活動中非常重要的一環，這樣的活動與所有活動一樣，是絕對不可能按照自身所看到或者所移動的情況去進行表達的。因此，我們可以說，「看看那裡」或者「遞給我一本書」，但我們不可能教導他人如何用雙眼看待事物或者如何移動他們的手指。對心靈訓練最重要的三種心靈活動就是如何進行思考、如何停止對某一特定事情的思考以及如何將原先的思想變成另外一種思想。雖然我們無法對這些重要活動產生的原因做出直接的解釋，但透過這樣的經歷，每個人都可以知道如何實現這樣的心靈訓練，因此他們根本就不需要外人給予指引。

史壯曾用非常明確且肯定的語言對此進行描述，他這樣說：「假設在思考的時候，我感覺腦海中浮現出一些痛苦的記

憶或者一些讓自己感到不適的思想，之後我有意遠離這些思想，對自己說：『不，我不能繼續去想這些事情。』當然，透過這樣的心理暗示，我會努力阻止自己進行這樣的思考，就好比我手中握著一把刀切割樹皮一樣。讓自己的視線遠離一個物體的難易程度，其實與讓自己遠離某一種思想的難易程度相當。我們可以讓某一種視覺感知從意識裡消失，到時候我們就不再需要故意擺脫這些視覺感知，而只須透過思考其他事情來做到這一點。」

　　愛德華‧卡本特（Edward Carpenter）教授曾對這個話題發表過自己的見解，他這樣說：「如果我們的靴子裡有一塊小石頭一直硌痛腳掌，我們就會想辦法將石頭拿出來。我們的做法就是脫下靴子，將小石頭抖出來。一旦我們對這樣的情形有所了解，就會明白我們將那些消極負面的思想從心智裡趕出去的行為也是同樣的道理。關於這一點，我們不應該犯下任何錯誤，因為人的心靈不可能同時存在兩種截然不同的思想。這是相當明顯的，也是毋庸置疑的。我們將那些消極負面的思想從心靈世界裡趕出去的難度，與我們將靴子裡的小石頭抖出去一樣。在我們真正這樣做之前，談論自己對本性的控制是毫無意義的。如果我們連這樣的行為都無法做到的話，我們就可以說是自身想法的奴隸，任由那些鬼魅的幻影掠過心靈的門廊，而自己卻無能為力。」

　　麥考什教授曾說：「雖然一個人並不能透過直接的方式控制自身的敏感程度，但是他卻完全有能力透過間接的方式對此加以控制。他能夠對此進行指引與控制，即使他無法對情感加

以指引，至少可以對思想加以指引，因為思想是情感傳遞出去的管道。一個人可以透過面向更高尚的思想將那些消極負面的思想全部清除掉……他可以將前進道路上的障礙移開，或者讓這樣的障礙擋住自己的去路，正如一堆火如果不持續加入木柴，最終必然熄滅。因此，一個人是可以控制自身情感的，他可以為這些情感負責，努力避免讓這些情感出現扭曲、氾濫或者缺陷等情況。」

那些認真努力、不斷堅持這種心靈訓練的人，都會盡自己最大努力去防範這些不和諧的思想，以免這些思想影響到自身的智慧與閱歷。只有這樣的人才能最終看到問題的全部。這其實沒有什麼祕密可言，也不存在什麼知識版權或者專利的問題。每個人都有權繼承這樣的知識，每個認真努力的人最終都會找到這樣的方法，並且對自己的思想進行控制。在現實的機械工具裡，不論一個男孩之前學到了多少理論知識或者閱讀了多少關於機械方面的書籍，只有在他親自使用這樣的工具後，才有可能真正掌握這些知識，因為這些真正的知識並不是用言語或者文字就可以傳達出來的。所以在踐行這種訓練方法的過程中，我們需要透過現實的鍛鍊去做，而不能單純停留在言語層面上。那些以認真的態度對待心靈與身體的人必然會對自己以及世界有全新的認識，從而掌握一種全新的能力，讓他們能夠去做一些原本看上去不可能做到的事情。

第十二章
如何運用替代的思想

　　有意識的將一種思想趕走，讓另一種思想占據心靈，這樣的方法稱為替代。將那些不和諧的思想全部趕出心靈，就為那些和諧思想占據心靈提供了足夠的空間。如果我們的這些目標非常強烈，就不需要再去尋找全新的思想了，因為當我們消除了某一種思想的時候，另一種思想就會以迅雷不及掩耳之勢占據心靈。

　　到了這個階段，果斷的行動就顯得特別重要。一旦第一個思想出現，我們就應該毫不猶豫的將它牢牢抓住，絕不放手。當危險的思想要侵入心靈時，我們就應該以積極且不可動搖的態度去接受積極的思想，只有這樣才能將心靈的大門緊緊關閉，阻擋那些危險思想進入。當我們審視一些進入心靈的思想時，可能會出現猶豫與搖擺的情況，但這個過程是必需的。無論什麼思想，在進入心靈世界之前，都要經過我們的審查。只有當我們對心靈的控制感到自信時，才可能讓一些正面積極的思想進入。

　　心智必須處於一種活躍狀態中。當我們的心靈空間被那些錯誤或者不和諧的思想占據的時候，我們就需要將這些垃圾全部清除掉，與此同時，還要用那些愉悅的思想填充我們的心智空間，用來占據之前那些被錯誤思想所占據的位置，只有這

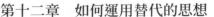

樣，才能夠更好的防止那些錯誤與不和諧的思想進入。「無論在任何環境中，我們都應該有指引自己的原則。」這句話是愛比克泰德（Epictetus）在兩千多年前說的，在當今時代也同樣適用。積極的思想要想得到呈現，需要我們給予恰當的機會才可以做到，這就需要我們將那些錯誤的思想全部趕出心靈的世界。當然，如果我們能夠有意識的將那些積極的思想灌輸到心智中，並且始終讓這些思想占據主導地位，邪惡的思想就再也沒有機會進入了。

　　認真執行這些心靈訓練，對我們是非常有幫助的，因為這樣可以讓心智始終處在一種積極的思想狀態下，防止消極的思想進入心靈。我們這樣的努力可以帶來極大的幫助，因為這種努力不會讓我們感到身體層面上的疲憊，也不需要我們對造成心靈疲憊的原因給予特殊的注意。我們的行為不應該處於一種過猶不及或者不足的狀態下，而應該按照我們所處的狀態去進行調節，讓身心更好的適應自己所處的環境。如果我們的行為過猶不及，我們就可能因自身的疲憊而讓心靈反應出現危險的狀況。如果我們的行為顯得不足，我們可能會讓心智處於一種空虛狀態中，這就給那些消極的思想乘虛而入的機會。心靈的活動以及這些活動的屬性都是最重要的。只有當這些行為有助於控制心靈活動時，它們才是有價值的。

　　當然，在這個過程中，旅行或者改變我們所處的環境同樣非常有幫助。在這樣的環境中，幾乎每個人都需要適應全新環境所帶來的暗示，讓自己的心智在不需要控制的情況下就能追隨。如果我們能夠擺脫之前熟悉的環境，來到一個完全不同的

環境，就會為我們帶來全新的思維方式，並取代之前已經形成的習慣性思維。這種改變了的心靈狀態可以為我們的身體系統帶來全新的刺激。這種思維的改變也會為我們帶來有益的結果，而不單純是對自身的改變。

那些懶惰與閒散之人需要這樣的改變，從而刺激自己去尋找全新的思想，用來更好的從事創造性的工作，否則，他們已經僵化的思維方式就必然會受到那些具有邪惡屬性的思想的侵害。可以說，身體出現的墮落在很大程度上都是奢侈或者懶惰的生活所導致的，這樣的生活會嚴重毒害我們的思維方式。

到了這個階段，我們已經非常明白這樣一個不言自明的事實：必須將所有不和諧、錯誤或者不道德的思想趕出我們的心靈世界，從而騰出更多的空間與機會，讓那些和諧、值得信賴以及道德的思想進入我們的心靈世界。倘若我們單純從功用本身的角度進行考量，這就是非常重要的事情，而道德層面上的考量還需要我們付出更多的努力。

將原先不和諧的思想全部趕走，讓和諧思想填充心靈的最佳方法，就是習慣性的尋找那些美好的思想，而無論這些美好的思想是透過人還是事物表現出來的。我們都會接受這樣一個事實，那就是世界上沒有任何存在的事物的屬性是完全邪惡的或者完全與善意分離的。幾乎每個活著的人身上都會有一些優點，也沒有一個人一輩子從來都沒做過一件好事，無論這些好事顯得多麼渺小，但這足以說明了世界不存在絕對意義上的壞人。在明白這個事實之後，我們就應該懷著勤奮與忠誠的態度去尋找那些美好的思想。要記住，我們這樣的努力最後絕對不

第十二章　如何運用替代的思想

會白費。一旦我們找到了這些美好的思想，就應該好好的珍惜與保護它們。當我們養成了這樣的習慣之後，錯誤的思想就很難進入我們的心靈了。所以，在面對錯誤這個敵人的時候，我們要做的就是不斷尋找美好的事物。

事實上，好與壞通常都是緊密相連在一起的。世界上沒有任何一個存在的事物是完全邪惡的。蘇格蘭教會的一些成員對這個問題給予的回答就是最好的例子。當這些成員被要求說出魔鬼 ── 過去那些在蘇格蘭長老會裡的暴徒 ── 的優點時，他們給出的理由是這樣的：「如果他們繼續迫害我們，那現在蘇格蘭教會早已不存在了。」

尋找美好事物的努力應該就是為了美好本身，而不能與任何潛藏或者次要的目標存在連結。因為追尋美好的事物這一目標始終應該是我們最為重要的目標。如果我們在追尋美好事物的過程中想著其他的東西，次要目標就會逐漸進入心靈，而當這樣的次要目標占據主導地位之後，我們失敗的可能性就變得非常大。這是因為心智的行動會因我們同時追尋兩個目標而出現注意力分散的情況，讓我們始終無法集中全力，最後導致無法獲得最佳的結果。獵人絕對不會將來福槍對準兩個獵物，他每一次都只瞄準一個，只有這樣才可能打到獵物。所以，如果讓心智能量同時去做兩件事，最後必然招致失敗。

一位年輕女士因為城市生活中的噪音而晚上無法入睡的例子，得到了最好的闡述。之前有人曾對她說，城市噪音都具有某種音樂的曲調。她遵循了這個建議，努力留意自己聽到的每個聲音。因此，她放棄了睡覺的努力，而是整個晚上都在聽自

己所聽到的聲音。我們對此的解釋是，這位女士已經沉湎於自己對噪音的一種不和諧的思想當中，也就是說，當她聽到這些聲音的時候，其實就是透過自身的思想，不斷在心靈中將這種不和諧的思想放大，最後導致自己失眠。當她想要從噪音中尋找所謂的樂音的時候，根本沒有察覺到原來自己已經處於一種不和諧的心靈狀態中。後來，她之所以能夠安然入睡，是因為內心的那種不和諧的感覺已經不會騷擾她了。當然，如果她在搜尋樂音的時候，同時對這些樂音進行思考，還認為這樣做會有助於自己更好的睡眠，但她最後卻是徹夜難眠，因為她讓心靈活動的能量用於關注兩個目標。在這個過程中，她也會產生恐懼心理（不和諧的思想）。最後，她意識到了這一點，放棄了讓心智同時去做兩件事的努力，終於成功入睡。所以，要讓心智保持一種單純的狀態，不要讓它同時去做兩件事。

倘若我們在搜尋美好事物的過程中，透過專注於目標就能夠收穫這麼多美好的事物，那麼我們在道德與精神層面上的指引就更加多了。當我們在這個過程中感受到了愉悅，最後得到的結果必然也是有價值的。

因此，在搜尋美好事物的過程中，用和諧的思想替代不和諧思想的最好方法，絕對不應該限制在某個時刻的努力之上。這應該成為我們一生的工作，我們應不斷地進行這樣的訓練，直到我們最後成功的將所有不和諧的思想都趕出心靈的世界。到那個時候，生命就會變得更加燦爛，不僅是那些踐行這些方法與學習這些方法的人，他身邊的人也能夠感受到這樣的好處。這些人所釋放出來的美好將會讓身邊的人感到溫暖。我們

第十二章　如何運用替代的思想

活著再也不能只是為了讓自己變得更好。這是我們提升自我的
一項工作，所以這其中絕對不能有任何自私的雜質。

第十三章 即時的行動

當我們對外界事物傳遞出的心理暗示進行回饋的時候，會讓不和諧的思想突然進入心靈的世界。有時，這會成為我們不繼續之前行動的藉口。人們會說：「在我意識到這些事情出現之前，它們就已經發生了。」但這樣的藉口並不能成為我們繼續放任這些不和諧思想存在的理由。我們就某個方向所進行的思考，其實與對其他方向進行的思考速度是一樣快的。如果他最終選擇這樣做，可以像選擇讓不和諧思想突然出現那樣，使其突然消失　　這一切都可以在瞬間完成。突然而至的憤怒感覺也可以在其剛剛出現的時候就被我們趕出心智。

每一種類型的思想在心智中出現的速度其實都沒有差別。我們讓和諧思想或者不和諧思想占據心靈的速度都一樣快，只不過很多時候我們不願意承認這樣的事實罷了。如果和諧思想能夠在瞬間進入我們的心靈，那麼不和諧思想同樣可以做到。雖然心智可能要花一些時間透過神經纖維將這些訊號傳遞給肌肉，但即使這樣，訊息傳送的速度也是極快的。

當然，一些人會認為某些思想所產生的即時性甚至超過了一個行為，而其他思想則是在之後才出現的。當然，傳送的過程可能比較漫長，因為這需要我們將一些事情先搞清楚。在一個人想要謀殺他人之前，他的心智中必然存在著貪婪、嫉妒、憤怒、想要報復或者其他邪惡的心理。按照現代科學的一些理論，一個人做出這樣的行為可能要追溯到他的祖輩遺傳。一連

串思想中萌生出來的這個念頭更加容易受到我們的控制，要是能夠從一開始就摧毀這樣的想法，就可以防止這樣的思想逐漸成熟。這些思想都代表著邪惡與不和諧。按照這樣的理論，每一種這樣屬性的行為在剛一冒頭的時候就應該被拋棄，雖然沒有人會指向即時的「公然行為」。

誠然，這些「公然行為」帶來的危險並不會構成最大的危險，因為最大的危險源於一系列思想中最開始出現的那個思想。伐木工人如果能夠在木頭上找到一條裂縫，然後用楔子插進去，劈起木頭來就會非常容易。同理，我們的思想也面臨著同樣的問題。一個人不應該讓任何不和諧的思想進入，因為這些不和諧的思想正是我們所遭遇的危險，這些思想就像是那個楔子，而我們要想確保心靈的安全，就必須承認這一點。

中國古代的智者老子曾經說過：「天下難事，必作於易，天下大事，必作於細。」如果種子一開始就被摧毀了，接下來就不會發芽或抽枝，最後也不需要我們動手去將其連根拔起。我們很多人所面臨的主要問題就是，我們始終無法對此進行正確的理解，總是放任這些野草不斷地生長，最後導致整個花園都長滿了野草。我們在面對這些情形的時候，絕對不應該猶豫不決，而應該果斷出擊。不和諧的思想延續的時間越長，它們累積的能量就越大，剷除的難度也變得越大。我們的猶豫只會給這些不和諧思想漸漸扎根的時間，增加我們所面臨困難的難度。如果某人忽視了一開始冒出來的火苗，這樣的火星最後就可能發展成燎原之勢，導致整個房子都被燒毀。

一個男孩正在騎車下山，如果他看到了前方可能出現的危

險，他可能會非常輕易的審視自己做出的第一個動作。無論他一開始的動作倉促或是下行的山坡比較陡，他一開始都需要特別小心，慢慢的從山上下來。當他意識到危險的存在後，就會在瞬間採取果敢的行動。當他來到了下坡一半的位置，就會發現自己下滑的速度變得越來越快，原先累積的動能讓他很難騎穩。此時，他可能會用力剎車，但這樣做也可能存在危險。儘管他已經想到，要是一開始就這樣做的話，根本不會出現任何危險。這一切之所以出現，就是因為一開始他沒有停下來。

我們應該像扔下手中熾熱的炭塊那樣，將不和諧的思想從腦海裡趕走，然後全力歡迎和諧的思想進入腦海。迅速與果斷的行為將讓我們在接下來的行為中免生許多煩惱。

第十四章　堅持不懈

　　任何一種心靈活動都必然產生某種結果。因為能量持續的法則說明了一點，那就是任何發生的事情，無論看上去多麼無足輕重，最後都必然會對接下來發生的事情產生影響。太空人認為，石頭掉落在地面上讓地球偏離軌道的程度，和它的大小成正比，任何存在的事物都有其存在的價值以及重要性。我們可以接著發現不和諧思想表現出來的微弱徵兆，然後馬上對此加以制止，因為哪怕最輕微的不和諧思想都必然產生一定的結果。因此，我們絕對不能放任這些不和諧思想繼續蔓延。如果我們認為一些非常小的念頭不足以引起我們的注意力，那就犯下一個非常嚴重的錯誤。

　　唐尼布魯克市集的規則：「無論你在何處看到他人的頭部，都可以用力擊打。」這樣的規則在這個話題上也適用。如果微小的錯誤不能從一開始就被扼殺，那麼必然會為我們帶來嚴重的後果。一旦發現剛冒頭的小錯誤，就必須加以處理。只有這樣做，我們才能為今後做更大的事情打下扎實的基礎。如果忽視一些小錯誤，必然會讓我們缺乏足夠的能力去做更大的事情。事實上，如果我們不遵循這樣的法則，可以說我們根本就沒有可能獲得做大事的機會。

　　我們所做的改變就應該始終如一的堅持，這一點同樣重要。如果錯誤或者不和諧的思想重新想要占據我們的心靈，我們也應該像一開始那樣對此立即表示拒絕。如此反覆的做法應

該不斷被重複，而不論那些不和諧思想對心靈的攻擊有多麼頻繁。如果我們稍微有所放鬆，就可能讓這些不和諧思想在心靈裡扎根，到時候要想剷除，就會格外困難。在面對那些不和諧思想的時候，我們不應該表現出任何的猶豫或者延遲。德國有一句古諺，剛好可以用在這種情形中：「在大街上瞎逛，永遠都回不到家。」

詹姆士教授曾對那些無法保持對心智控制的人進行了生動的描述。一旦這些人無法控制自己的心靈，一些稍微不良的心理暗示就會進入他們的心靈，開始占據原本屬於和諧思想的空間。詹姆士教授這樣說：「比方說，我正在背誦《洛克斯利大廳》（*Locksley Hall*）一書的內容，從而更好的將自己的心靈從原先那種因為親戚去世而陷入停頓的狀態轉移開來。我的意志依然會停留在原先悲傷的背景下，在我的意識世界裡處於極端邊緣的狀態。但是詩歌卻能夠充分占據我的注意力。然後當我讀到這樣的句子 —— 『我，是所有年代的繼承者，也是未來時代的先驅者』—— 的時候，我感到自己能夠與處於意志邊緣狀態的思想神奇的連結在一起，這反過來讓我的心靈充滿了美好的憧憬。於是，我將手中的書放下，興奮的在地板上來回踱步，讓心智想像著自己未來所能獲得的美好。」

情感只不過是心靈狀態所激發的一種情緒狀態。對思考的控制能夠讓我們更好的對情感進行控制。那些不懂得如何對情感進行控制的人，反過來會被他們的情感所控制，導致自己最後遭到毀滅。如果這些人一開始就懂得如何對思考進行控制，他們就可以避免接下來可能遇到的更大麻煩。曾有學者這樣寫

道：「對心智正常的人來說，情感會受到意志能量的控制，從而按照意志的需求將一些情感排除在外。」每一種情感都能夠透過將心靈產生的情感排除在外，實現對心智的控制，對於所有處於中等程度的思想來說，這都是可以做到的。這種控制中等程度思想的做法會讓我們的心靈處於一種平和的狀態中，避免出現任何過於激烈的行為。

　　每個有意想要將不和諧思想排除在心靈之外的人，都會有一些對自身而言比較特殊的經歷。一些思想可以輕易的被我們放在一邊，另一些思想則比較困難，這與我們當時所處的心靈狀態息息相關。我們之所以會面對許多困難，就是因為當事人的思想狀態已經讓他處於一種缺乏指引的狀態，從而很容易受制於外界所傳遞出來的暗示。還有一些人則因為有沉重的心理負擔，無法透過持續的努力擺脫這些不和諧的思想。長時間養成的習慣是很難靠一次努力就改變的，想對心靈進行完美的控制也不是一下子就能夠實現的。這個過程必然會出現很多困難，但只要我們堅持不懈的努力，這些困難最終都會被克服。如果我們意識到這樣做所獲得的結果，要比這個過程中付出的努力更加具有價值的話，我們就不會感到那麼困難，在這個過程中的堅持也就不會感到那麼煎熬。

　　在我們剛開始進行訓練的時候，最好能從一些比較容易克服的不和諧思想入手。睿智的將軍會將敵人的力量分散開，然後逐個擊破，一般都是從敵人最薄弱的位置發起進攻。因此，他能夠更好的擊敗這些敵人，因為他的優勢兵力要比那個位置上的敵人更加強大。偉大的運動員一開始都是從基本的動作

訓練起的，在堅持的訓練過程中，他不斷增強自己的力量與智慧，最終得以在競技體育中有所成就。

我們最好還是按照相似的方法進行心靈訓練。分化心靈的敵人，首先攻擊這些敵人力量比較薄弱的地方。一旦我們克服了這些敵人，原先看上去堅不可摧的城堡就會逐漸倒塌。我們要做的，就是首先按照自身的能量去提起恰當的重量，不斷地進行訓練，之後再慢慢提起更加沉重的物體。要想攀登最高的山峰，必須要從山腳的一小步開始。

當一些看上去無足輕重的思想被我們切斷，拋離心靈的世界之外，另一種思想就會進入我們的心靈世界。意志的功能是需要我們不斷進行訓練的，一開始感覺比較困難的事情經過訓練就會變得容易。接下來，我們所要克服的障礙要比之前的障礙顯得更加困難一些，但我們總是能夠從之前的經驗中得到教訓，從而更好的加以克服。因此，這樣的訓練能夠協助我們很好的將錯誤的思想排除在心靈世界之外，直到所有不和諧的思想都遠離我們的心靈。

每天早上醒來的時候，我們都要有意識的喚醒自信的決心。一天伊始，我們要對這一天的工作抱著強烈的信心，相信自己能夠將事情做好。我們需要回顧一下昨天所做的事情，對自己使用的方法審視一番，看看如何才能夠更好的避免出現失敗，從而更好的確保獲得成功。對之前成功的經歷要進行認真的研究，這會進一步深化我們的認知，增強我們的自信，讓我們能夠在接下來的一天裡獲得佳績。我們的心靈要為此感到無比歡樂，為自己獲得的每一個成功感到快樂。記住，要對此感

到歡樂。歡樂的情感本身能夠極大的提升我們的身體能量，讓我們的內心充盈著和諧的思想。所以，我們要培養這樣的歡樂情感。沮喪情感消失的程度與我們培養歡樂與寧靜心態的程度是成正比的。

對初學者而言，一開始進行這樣的訓練可能會讓他們遇到一些意想不到的狀況。他們不僅會遇到許多無法預測的困難，同時他們原本覺得應該很容易解決的問題，需要他們堅持不懈的努力才能夠解決。但是，在這個過程中，他們會感覺到自己其實非常享受這一過程，並且發自內心的想要沿著這個方向繼續努力，從而將所有不和諧的思想都趕出自己的心靈。在訓練的過程中，他能夠更加清楚地知道自己該怎樣做。觀察認真的人會從上述經驗中感受到一點，那就是他自身的心靈過程會獲得更多的智慧與刺激，從而讓自己有更大的動力堅持下去，獲得更加圓滿的成功。

也許，這個過程中出現的最大危險源於沮喪的情感。我們一開始所表現出的高漲熱情會收到良好的效果，而獲得的成功也會讓當事人感到驚訝。這樣的成功也會讓初學者認為成功幾乎就在眼前了。當我們的警覺之心開始逐漸消失的時候，這樣的思想必然會浮上我們的心頭，從而導致注意力的鬆懈，最後導致出現失誤。或者說，我們在這個過程中感到無比疲憊。在這一期間，我們還需要對一些外界的誘惑保持警覺，因為只要我們稍微放鬆警惕，就會讓這些錯誤變得越來越嚴重，從而想要克服它們就變得越來越困難。此時，失望與沮喪的情緒就自然而然的浮上我們的心靈。

這在心靈訓練的過程中很重要，因為倘若我們稍微猶豫或者出現失誤，就可能重新回到過去的老習慣當中，讓自己受到極大的誘惑，而這些誘惑可能對我們原先的目標是致命的，讓我們前功盡棄。要想恢復之前的狀態，我們可能需要付出更大的努力與代價。以那些酗酒成性的人為例，當他們想要戒掉酒癮的時候，絕對不能容忍自己再犯下一次錯誤。因為他們一旦放鬆了警惕，就很容易讓之前戒酒的努力全部付諸東流。之後，他們想要戒酒的難度就比之前更大了。對於酗酒者來說，他們所面臨的危險就在於喝第一口酒，而導致他們這樣做的原因就是他們允許了那些不和諧的思想進入心靈的世界。一開始，這些不和諧的思想可能顯得微不足道，似乎無法造成什麼嚴重的結果，但如果我們不加制止，就必然釀成大禍。所以，無論我們面臨著多麼艱鉅的任務，只要我們能夠持續的堅持與努力，就必然能夠獲得最後的成功。

第十五章
並不總是那麼容易

　　其實，在沒有外界刺激或者影響的情況下，改變自身的思想並不是一件容易的事情，因為通常來說，事實與我們所想的剛好相反。我們也沒有足夠的能力每一天都做這樣的事情。任何一個習慣都不可能透過幾次嘗試就輕易打破，只有持續、忠實且富有決心的努力，才能夠幫助我們將捆綁在人類身上的習慣打破。

　　要想在心理訓練的過程中獲得成功，唯一必要的條件就是，我們必須真的非常認真的投入到這項工作當中，不斷重複將那些不和諧思想趕出心靈的行為。我們能夠這樣做的能力本身就非常有價值，即使在這個過程中不存在其他方面的考量。詹姆士教授曾在這方面發表過自己溫和的見解，他說：「將那些出現分散的注意力集中起來，這是判斷力、品格與意志的基礎。如果一個人沒有這樣的能力，那麼他根本無法保持清醒的頭腦。真正的教育應該教會每個人集中注意力，提升他們這方面的能力，只有這樣的教育才算得上是真正的教育。」集中注意力的能力是我們想要獲得思想控制方面成功的一個基本因素，同時也是我們在人生中獲得成功的一個基本因素。正如之前所談到的，我們使用的方法其實非常簡單且有效。詹姆士曾說，能夠幫我們實現這個目標的教育，其實都是優秀的教育。

教會每個學生掌握集中注意力的能力是所有成功教育的基礎，因為我們在人生早期階段學習知識是相對容易的。所以，不管我們遇到多麼大的困難，都值得我們付出努力去認真克服。

在執行與實現這個目標的時候，一件比較重要的事情就是，我們並不需要聘請那些需要付費的老師，不需要厚厚的書本或者任何超出個人能力的東西，不需要改變自己的生活方式，也不需要遠離自己的家，更不需要放下手中的工作。無論何時何地，我們都可以在做其他事情的時候兼顧這樣的訓練。每個人都是自己最好的老師，誠然，他也必須要成為自己的老師，因為其他人不可能在這方面向他提出任何建議。每個人都必須從自己的人生經驗中選擇一些經歷，然後好好的學習，找出自己的錯誤，並認真改正。毋庸置疑，這一切都是為他自己而做的，老師所能夠教他的，只能是其他方面的事情。但是，在這個過程中，我們必須要有堅忍不拔的意志，堅持不懈，有著獲得成功的強烈決心，這必然能夠保證我們克服重重困難，獲得最終的成功。其實，這是任何人都是可以做到的。整個過程其實只包括了兩點：我們不應該去做一些本來就不應該做的事情；我們要不斷重複一些必須要做的事情。

事實上，一個人在某些時候成功的控制了自己的思想過程，這就證明了他可以在任何時候都按照自己的想法去做。一個人之前能夠做到的事情，他現在也可以再做一次。在這裡，明白這個事實是非常重要的，因為這毫無疑問的說明了一點，那就是圓滿的成功是可以實現的，不管我們在這個過程中會遭遇多少困難。我們要做的，就是在那些不和諧思想出現的時

候，將它們趕出心靈的世界。

那些認真且堅持追尋一個目標的人，不應該對此感到倦怠。在我們追尋目標的過程中，肯定會出現許多不那麼重要的事情，但這只能說明我們已經獲得了進步與收穫的成果。當然，這也說明了我們還有很多事情要做以及該怎樣更好的做。若絕望的情感從未出現，或我們從未感覺到成功似乎變得不可能的想法從來沒有出現的話，反而顯得不合情理了。但是，絕望的情感只不過是不和諧思想中最糟糕的一種，必須被我們立即清除掉，不管這需要我們耗費多少精力與實踐。當然，還有諸如失敗等經歷，這些都需要我們努力克服，最終使之變為成功。我們要在心中始終記住一點，那就是「困難的存在，只不過是讓我們去克服的」。中國的《論語》中有一句是這樣說的：「慎終追遠，民德歸厚。」

所以，我們唯一的途徑就是不管遇到什麼事情，都要堅持到底。要想獲得更有價值或更偉大的結果，必然需要我們付出一定的努力與代價。這條道路是平坦卻又狹窄的，但說到底，終點的獎賞又是每個人都想要獲得的。保羅（Paul）在談到一個想要追尋更加美好事物的人時，這樣說道：「讓他在善行中不要感到疲倦，因為如果他不對此厭倦，在恰當的時候必然會獲得豐收。」我們永遠都不要忘記下面這句話，因為它代表著永恆的真理：我們始終都能夠成為自己心目中想要成為的那個人。

第十六章
身體態度的影響

　　外在的生理表現所具有的屬性是非常重要的。比方說，悲傷的思想會對身體產生影響，這種思想所呈現出來的外在表現包括讓我們流淚，還會讓我們的臉頰、手勢或者整個身體都表現出特有的特徵。而一些與悲傷思想相反的情感，諸如幸福、開心，則會讓我們的身體表現出不同的形態。在所有的情況下，我們的身體都會追隨著心智活動，然後心智就會受到我們對身體狀況的認知而產生的影響，這些都是由之前的心理活動所造成的。我看到過一個人因為自身的心靈活動而陷入一種狂熱的狀態中，而當他意識到這種狂熱狀態是他的心智活動所造成的時候，又感到非常驚恐。他所感受到的這種驚恐，其實就是他對自身狂熱情緒的一種結果，而這樣的認知在這之前是不可能出現的。當他察覺到自身出現的這種狂熱情緒時，他就能夠認識到產生這種情緒的根源，那麼他就不會感到任何恐懼了。因此，雖然我們經常會談到身體對心智所造成的影響，但這樣的影響都是心靈活動所造成的。也就是說，心智具有感知身體狀態的能力。

　　身體活動對心智產生的影響是透過對身體狀況的認知來實現的。如果身體所展現出來的態度對任何心靈情緒來說都是自然的，這樣的認知就會變得非常強烈。身體的態度將會作用於

心智，從而引發一連串的心靈活動，自然而然就會讓我們的身體表現出該有的活動。身體對心智所產生的影響是可以透過心智自身的活動來實現的，因此，我們可以利用這樣的規律對心靈的狀況加以控制與提升。

在正常狀態下，歡愉的情感在人身體上的表現狀況，就是挺直腰桿、昂起頭顱，雙目朝著前方望去。歡愉的情感為人帶來的肢體語言是相當明確的，倘若我們能夠保持這樣的肢體語言，必然能夠讓我們的內心真正產生這樣一種歡愉的情感。事實上，這種心理態度所產生的心靈影響是非常重要的。倘若一個人能夠在半個小時內保持這樣的走路姿勢或者身體活動，他幾乎不可能讓自己的情緒處於一種低落的狀態中。

那些想要將所有不和諧思想趕出心靈的人，都應該讓自己擁有積極的身體態度與表現形態，而這樣的狀況卻只有在我們獲得了讓人愉悅的和諧思想之後才會出現。無論你是否想要微笑，最好都露出微笑。有時，即使是強制自己做出微笑的表情，也能夠幫助你更好的消除心靈世界裡的不和諧思想。「如果你尚不具備某一種美德，你就應該假設自己已經擁有了這樣的美德。」如果你強迫自己露出微笑，你很快就會發自內心的露出微笑了。這將更好的幫助我們吸引那些和諧的思想。如果我們懷著正確的心靈態度去做，這兩樣工作必然能夠幫助我們獲得即時的成功。但是，我們要做的是微笑，而不是咧著嘴大笑。或者說，至少我們應該多一些微笑，少一些大笑。任何人在強迫自己露出微笑的時候，都必然會讓自己產生一種值得微笑的思想，正如任何人都不可能在心靈的世界裡沒有出現愉悅

的思想時感到愉悅。這樣的規律就說明了一個道理，那就是身體的態度或者表現方式在讓我們更好的實現圓滿的心靈態度層面上，是非常靈驗的。在遮蔽陽光的烏雲後面，陽光始終在散發光芒。所以，只要一個人不固執的待在陰影下，他是絕對可以見到陽光的。

對演員來說，不管是在公共生活還是私人生活中，他們都可以透過控制自己的心靈態度去獲得成功。與此類似的是，那些能夠成功控制心靈的人都將發現一點，即若他們將自己想要獲得的心靈態度變成自己的身體態度或者表達方式的話，他們就可以獲得自己想要的心靈狀態。

詹姆士教授在他的著作裡對此進行過深刻的探討。他在書中說：「因此，如果我們自發性的愉悅感消失了，自主的朝著愉悅情感的道路前進，就會讓我們懷著愉悅的心情坐下來，以愉悅的心情觀察周圍的事情，讓我們能夠始終懷著愉悅的心情做出一些行為，比如談話。如果這樣的行為不能很快讓你感到愉悅的話，在那種情況下，任何事情都不可能讓你感到快樂。所以，我們要讓自己產生勇敢的情感，似乎自己本來就非常勇敢，你要充分運用自身的意志能量堅持到最後，讓勇氣代替恐懼，從而幫助自己更好的生活。在此，我們還需要提出一點，要想以善意去面對那些對我們抱有敵意的人，我們就應該有意的說一些別人的好話。爽朗的笑聲可以幫助我們化干戈為玉帛，讓自己的心靈與人更加親近。其實，在這個過程中，雙方可能都在與心靈中那個冷血的魔鬼進行爭鬥。當我們與一種消極的情感進行爭鬥的時候，必然會將大部分精力集中於此，讓

我們的心靈無法擺脫這種消極的情感。倘若我們能夠由某種積極的情感出發，消極的情感就會像阿拉伯人捲起帳篷，安靜的消失在沙漠裡。」

這並不是虛偽的理論，也不是自我欺騙。這樣做的目的就是要消除所有的錯誤思想 —— 因此，這樣的思想是值得讚揚的。

第十七章
完全屬於你一個人的工作

　　將不和諧的思想趕出心靈世界的做法，並不需要我們改變自身的宗教信仰，也不需要在任何程度上影響他人的生活方式。其實，這與任何人的關係都不那麼大，只與想要這樣做的人存在著直接關係。可見，這樣的工作只與你自己有關。除非他人想要給你一些幫助，否則你也不需要他人的幫助，因為這樣的幫助不僅會顯得魯莽，甚至會變成一種障礙。華特·惠特曼（Walt Whitman）就曾用非常簡短且清晰的文字這樣寫道：任何人都不可能為他人實現什麼 —— 什麼都不行，任何人只能為自己的成長做出努力 —— 而不是為他人。這句話是非常正確的。因為任何一個人都不可能替他人觀察、聆聽或者思考，每個人只能靠自己這樣做。因為一個人的思考只能是屬於他自己的事情，絕對不可能屬於其他人。思考過程中出現的任何緊急情況或者帶來的結果，其實都是自身思想的結果，這也完全取決於個人所做的努力。但是，將不和諧的思想排除在心靈世界之外，同時將和諧的思想引入我們的心靈，就完全是心靈本身的活動了。因此，這樣的工作完全是屬於個人的自我的事情，不可能委派他人去做。對心靈殿堂進行清理，只能是個人的工作。

　　可能其他一些事情或多或少都取決於他人的幫助或者阻

撓，但是一個人的思想絕對不能取決於他人所做、所說或者所想。一個人的心智就是屬於他固有的世界，除非他願意，否則任何人都無法進入。人是絕對不會允許他人對自己進行輕微的控制。他的思想是完全屬於他自己的，而不屬於其他任何人，當然任何人的思想也絕對不可能屬於他，除非有人選擇接受這樣的結果。因此，這樣的責任是每個人都應該承擔起來的，但是這樣做的背後，補償可能就在於這樣一個事實，那就是他的行為可能是未受阻礙或者未受影響的 —— 也就是說，他是自由的。

　　人其實是一個天生就要遵循法則的動物，每個人都能夠控制自己的身體，能夠出於自身意願環遊世界，也可以將自己關在一個地方，可以自行決定如何處理財產。也許，很多人會強迫他去做一些他不太願意做的事情，但除非他內心真的對此表示認同，否則任何人都無法進入他的心靈世界，影響他的思維方式。一個人的思想始終是屬於他自己的，直到他用話語去表達出自己的思想，但即使如此，他依然對自己該說什麼話保持著最高的控制權。每個人都擁有神性的權利，去思考一些讓他感到愉悅的事情。我們應該堅持這樣一個原則，但卻很容易忘記一點，那就是神性的權利應該與神性的事物連結在一起。很多人都會認同一點，那就是每個人都有權思考一些讓自己感到愉悅的事情，當然這個前提是他沒有透過自己的話語或者行動表現出來。但是一個人卻沒有任何權利思考一些錯誤的思想，也沒有任何權利去做一些錯誤的行為，這個結論是無比正確的。不道德的思想應該與不道德的行為一樣，被我們死死的控

制住，因為這是所有不道德的根源。

　　古代一位詩人曾說出了這樣一個事實：「我的心智對我來說就是一個王國。」其實，他的這句話還不是非常完善，如果他能夠這樣說：「我的心智對我來說就是我的王國。」就會顯得更加精確、更有力量。一個人的心智的確是屬於他的王國，所以他絕對不能讓自己的王國被他人控制。如果一個人已經對自身的思想進行了訓練，那麼他就可以比孤獨的塞爾科克（Selkirk）更有勇氣的說：我是我心靈的國王，我所擁有的權利是任何人都不能質疑的。所有這些想法對我們執行心靈的訓練來說都是非常有好處的，因為這能讓我們將事情的整個發展過程都控制在手中，完全不受他人的阻礙或者影響。一位當代作家曾帶著一絲悲傷的口氣說：「在所有最深沉的體驗裡，靈魂是孤獨的。每個最關鍵的決定都必然是人在孤獨的時候做出的。」雖然人的這種孤獨的心靈狀態有時是必然存在的，但這並不是讓我們與他人疏遠的重要原因，也不是阻擋我們的唯一有價值的社交愉悅或者優勢。相反，這是一種恩惠與榮耀，可以讓我們意識到一種能量、自我控制以及自由，這些都是其他途徑無法給予的。那些已經對心智進行過訓練的人，必然會遵循自身的意願，因為他能夠肯定並且實現自身正確的心靈優勢，從而牢牢的控制自己。這樣的人才能夠更好的享受與他人接觸所帶來的快感，同時獲得更好的東西。對他來說，他人是不可能為他帶來什麼的，他只能夠享受控制心靈所帶來的一種自由感覺。

　　我們認識到了自我控制與獲得自由是不可分割的時候，會

讓我們有能力去做到他人無法做到的事情，最終讓我們獲得真正的自由。當一個人真切的發現自己存在落後，他最強大的力量就能展現出來。他能夠按照自己的意願做出選擇，將所有的阻礙都拋在一邊，同時不干涉他人的生活。這樣的話，任何人都無法干涉他的行為，也不會有人對他的行為產生質疑。這樣的能力並不是以斷斷續續的方式表現出來的，而應該以持續的方式表現出來。人在很多時候都是不孤獨的，但在做出決定的時候，他必然是孤單的，但這個孤單的過程其實並不會讓他感到孤獨。事實上，這樣的孤單對他來說，可能是最大的祝福，因為在消除了所有不和諧的思想之後，正如愛默生（Emerson）所說的：「會讓人待在家裡的時候，感覺就像置身天堂。」這種美好的結果可能會以出人意料或者人們難以想像的方式延伸到未知的人性世界，這是我們之前難以想像的。

第十八章
摧毀不和諧的思想

在摧毀不和諧思想的過程中，要想獲得足夠的優勢或者效率，就需要我們注重一個重要的事實。也許在很多情況下，我們都會忽視這樣的事實，因為人們在很多時候都沒有注意到它，所以他們會覺得這些事實似乎是不存在的。因此，人們可以透過自我的遺忘，讓一個物體或者思想完全從意識的世界裡消失。在這一遺忘的過程中，這樣的想法似乎根本就是不存在的。當然，要是我們能夠重新想起這些事實的話，當事人就會在心智中浮現出這樣的想法，即透過心靈的活動，這些事實對當事人來說會變成一個事實。

單純看到某一個事實並不能讓我們感覺到這就是事實，因為我們要想對這些事實有更加深入的了解，就需要我們對這些意識擁有更為強大的感知。這樣的意識本身就是思考的一種形態，所以這些事實只能在我們對此感到真實的時候，才會真正對我們起作用。因此，在這樣的事實進入意識之前或者走出意識世界之後，對當事人來說似乎根本就不存在。

我們經常嘲笑那些過分專注於某種思想的人，因為這些人似乎完全忽視了身邊發生的其他事情。在那個專注的時刻，對他來說，他正在思考的事實就是世界上唯一存在的事實。換個角度來看，可能他思考的程度過分強烈，導致他認為某一種並

不存在的事實變成唯一真實的存在。一個人早上起來，習慣性的對著掛在某處的鏡子刮鬍子。如果我們將這一面鏡子挪到其他地方，此人依然會在這個地方刮鬍子，即使此時這個地方已經沒有了鏡子，他也會津津有味的刮著鬍子，似乎鏡子依然在眼前。然而，一天早上醒來，當他想要刮鬍子的時候，突然意識到鏡子已經不掛在牆上了。這樣的突然意識可能緣於他在刮鬍子的時候不小心刮出血了，從而意識到自己已經沒有鏡子的幫忙了。對那些精力完全專注於某件事情的人來說，世界上唯一存在的事物就是他們腦海裡正在思考的事物，不管他們思考的事情對他人來說是否存在，都是如此。這種全身心投入一個想法中的人與正常人的區別，就在於前者若要恢復對其他事物的意識過程，需要做出更大的努力。

　　有時，每個人都會完全忽視發生在身邊的事情，但這只能說明如果我們將全部的注意力都集中在某個特定的方向上，會將其他的思想完全排除在外。很多人都沉浸在棋牌遊戲當中，從而失去了對痛苦的感知。還有一些人沉浸在某一種遊戲當中，從而徹底忘記了身體或者心靈的苦楚。這就是自我遺忘的一種表現形式。這樣的思想並不單純停留在心智的世界裡。因為一旦這樣的思想走出了心智，它就絕對不會創造任何不和諧，或者在體內催生有毒的化學物質。當這樣的狀態變得持久，我們就會稱之為治癒的過程。那些一直對自己進行訓練的人，必然能夠對自身的心智進行完全的控制，從而讓他在不打牌的時候，依然可以將這樣的狀態持續下去。

　　一些事情對於思考者來說之所以是真實的，就是因為它們

牢牢的占據著他們的心智。所以，對他們來說，這些事情是否真實存在並不重要；重要的是，當事人覺得這些事情是真實的。這可以透過那些身處幻覺的人的表現得到闡述。對這些人來說，不存在的事物對他們而言就是真實的。通常他們都非常專注於這些不現實的事物，甚至當事實擺在眼前的時候依然執迷不悟。

但是，我們並不需要尋找那些精神失常之人作為例子。如果某人真切的認為他的朋友是錯誤的，那麼不管事實是否如此，他都會讓自己的心靈與身體狀態朝著這樣的方向前進，似乎自己認定的一切就是事實。這個世界充斥著許多這樣的事情，幾乎每個人都可以觀察到這樣的事實。正是我們的思考才讓事情變得真實，如果我們沒有了這樣的思考，那麼事實對我們來說就是不存在的。

在這樣的關聯裡，我們需要注意兩件事情。第一，如果心智對現實缺乏足夠的認知，並不能摧毀現實存在的意義。只是對那些沒有做過這種思考的人來說，這才是不真實的，似乎這些事情根本就是不存在的。第二，心智之所以會產生這種不真實的感覺，並不能變成一個真正的事實。因為對思考者來說，他始終思考這樣的事實，才會覺得這是真實的。但就現實而言，情況可能並不如此。眾所周知，一個認為自己正在流血致死的人往往都是因為自身的思想出了問題才導致這樣的情況，因為他本人可能根本沒有流出一滴血。還有成千上萬類似的例子可以證實這樣的事實。

用一種思想替代另一種思想的做法是值得讚揚的，只有當

我們做得更好的時候才可以放棄這樣的方法。但是，摧毀不和諧的思想則是一種更具實效的方法。對於思考者來說，將某一種思想從心智的世界裡趕出去，其實就說明了一點，那就是在我們將這些想法排除在思想世界之外的同時，也在摧毀這些思想。當我們持續這樣的行為，這些思想就將永遠不會進入我們的心靈世界，這就是不斷將錯誤或者不和諧思想排除在心靈世界之外的做法最終帶來的美好結果。如果這是一個錯誤的思想，或者說是一個錯誤的想法，這樣的錯誤對他來說就應該是被完全摧毀與破壞的。如果全世界的人都想著要將這些錯誤的思想排除在心靈世界之外，它們就絕對不會存在於這個世界上。

　　這段論述的正確性可以透過下面的例子驗證。那就是某些人對某些事物的錯誤想法，很容易被他人視為是不存在的，諸如我們對某位沒有犯錯的朋友得出了錯誤的想法。雖然這樣的錯誤思想對當事人來說是真實的，但如果我們能夠將這種錯誤的想法完全排除在心靈世界之外，那麼這些錯誤想法就相當於被摧毀了。如果這樣的錯誤思想被我們永遠的排除在心智的世界之外，那麼這些錯誤的思想對我們來說就永遠都不存在了。同樣的事實也適用於我們對那些看似即將來臨、卻永遠都不會出現的災難的看法。這樣的恐懼心理是完全可以從我們的心智世界裡消失，從而被我們徹底摧毀的。可以說，對於所有錯誤的思想來說，我們都可以這樣做，那就是徹底的將這些思想摧毀。

　　替代與摧毀這兩種思想方法是可以同時運作的，替代的方

法能夠幫助我們將眼前的工作持續下去，幫助我們更好的工作。如果我們持續的堅持下去，最終的結果就是將所有讓人反感的思想全部抹去。一些人說得對，那就是人類的疾病十有八九是因為焦慮造成的，這樣的焦慮，其實就是我們對那些永遠都不可能發生的事情的焦慮。任何事情或者焦慮都不應該存在於我們的思想世界當中。如果這樣的思想從我們的心智裡消失或者被毀滅的話，那麼那些疾病就可能永遠消失，因為它們已經被摧毀了。這個世界上最讓人感到可悲的事實就是罪孽，無論我們用怎樣的藉口去為其開脫，這都是事實。但我們依然還有辦法摧毀這樣的罪孽，比如遵循耶穌基督的意志。他會讓我們將所有的錯誤（包括我們所有的罪孽）都完全清除出我們的心靈世界。要想做到這一點，最重要的就是寬恕。因為寬恕就意味著我們放下了一些東西。當我們將事情放下的時候（也就是將那些錯誤的思想排除在心靈世界之外），我們的錯誤以及他人的錯誤才會消失。之後，他人的錯誤就再也不會讓我們感到煩惱。當人們做到了這一點，他們就不會感到自己有任何罪孽了。

　　雖然我們需要摧毀的只是某一種思想，但這種思想的存在也必然是因為某個原因。我們千萬不要忘記一點，那就是每一種不和諧的思想都是造成不和諧心靈與身體狀況的泉源。一旦這樣的泉源被我們摧毀，這些思想所帶來的結果就不會呈現出來。所以，摧毀不和諧或者錯誤的思想其實就是摧毀讓我們置身於錯誤狀態的可能性。那些放棄了說謊習慣的人所能夠做的，其實就是說出自己真實的心裡話。那些摧毀了不和諧思想

的人所能夠做的，就是讓和諧的思想進入心靈的世界。摧毀所有不和諧的思想會讓所有和諧的思想存在於心間。這只會催生我們的心靈從事和諧的行動，讓我們在沒有任何不和諧思想的干預下產生和諧的思想。這就是我們要實現的一個終極目標。我們只有透過對心靈的控制，才有可能實現這個目標。因此，人們應該讓自己擺脫所有的人生煩惱，盡可能多的感受到人生所帶來的美好。

第十九章　進退維谷

古希臘水手在航海的時候不僅要躲避錫拉岩礁，還要避免遇到卡律布狄斯（Charybdis）女妖，以防止自己的船隻傾覆。同樣，為了防止一些不和諧的思想進入我們的心靈，我們也需要時刻保持警惕的心理，避免陷入類似的情境當中，以致無法自拔。

有些時候，如果不和諧的思想沒有呈現出來，是比較奇怪的。但任何形態的心靈不平靜都絕對不能成為我們參與到這個過程中的藉口。因為偶爾或者時常山現的失敗所導致的沮喪感，可以被我們迅速排除在心智的世界之外，就像那些不和諧的思想能夠立即被我們趕出心靈的世界。我們不應該認為這樣的沮喪就代表著某種失敗；相反，我們應該覺得這樣的感覺可以讓我們獲得最後的成功。因此，我們可以用更安全與舒適的方式養成這樣的習慣，用來抵禦時不時會出現的沮喪感覺。

一時或者偶然的失敗所帶來的沮喪或者遺憾的感覺，很容易讓我們產生自我譴責的感覺。這通常伴隨著悲傷、不安、沮喪甚至是絕望。這樣的感覺永遠都無法為我們帶來真正的幫助，只會產生阻礙作用。為了改正一個已經犯下的錯誤，我們沒有必要譴責自己。任何人都不可能透過沉湎於過往的錯誤而讓自己變得更好。如果我們在擺脫一種錯誤的時候，放任另一種錯誤占據心靈，那麼這樣的改正是沒有任何意義的。

拉斯金（Ruskin）就曾用非常清晰有力的話語闡述了這個事實。他說：「不要去想自己所犯的錯誤，更不要去想別人所犯的錯誤。要是接近你的人都能夠看到你的優點與強大之處，你應該為此感到高興。你也應該努力發揚自己的這些優點。最後，你的錯誤就會在恰當的時候如凋零的葉子那樣飄落在地。」

　　責任感或者工作帶來的負擔感不應該與我們將不和諧思想排除在外的思想相連在一起，我們也不能讓任何殘存的焦慮感占據心靈，以防止這些殘存的思想再次進入我們的心靈，從而引起我們內心的不安。如果這樣的話，當人們面對同樣一種錯誤思想而發起第二次進攻的時候，他的處境就會變得更加糟糕，因為他必須要同時戰勝兩種錯誤的思想。雖然他可能最後成功的消除了一連串他想要擺脫的思想，但依然會發現自己陷入類似於第一種思想的錯誤怪象。當我們在剷除一種錯誤思想的同時，卻允許另一種錯誤思想的氾濫，並不是清除錯誤思想的正確做法；相反，我們應該徹底改變原先的做法，做到將錯誤思想連根拔起。任何人在對錯誤思想進行思考的時候，都不會承認自己的心靈裡還殘留著其他錯誤的思想，但這樣的說法並不是我們允許其他錯誤思想存在於心靈世界的原因與藉口。要是我們允許這些錯誤思想擊敗自身的心靈控制，那麼控制心靈的努力就會前功盡棄，從而讓原先錯誤的思想得不到有效的控制。

　　在心靈訓練的開始階段，進行持續的努力看上去是不可避免的，但如果我們能夠堅持下來的話，就能夠培養更好的心靈

狀態。所以，在絕大多數情形下，思想的改變是可以在無意識的過程中實現的。從一開始，我們就覺得有必要努力將那些不和諧的思想全部趕出心靈，因為這些思想或多或少能夠引發我們內心的恐懼感，而這又會對我們獲得成功造成很大的困難。我們意識到自己努力的行為，這會影響我們做出完美的行為。所以說，除非當我們的思想發生了全面的改變，否則我們不可能獲得全面的成功。

當我們進入一種完美自由的心靈狀態，將所有不和諧的思想都排除在心靈世界之外，讓自己有更多的時間與精力去做好眼前的工作時，我們就可以去成就更好的目標了。誠然，當我們以正確的方式去做的時候，我們就能夠在每一次的體驗中做得更好。這其實並不是時間與機會的問題，而是說我們應該朝著更好的方向去努力。當我們成就這一切的時候，可能不會出現能力或者活力方面的減少；相反，我們可以沿著正確的道路不斷提升自身的能力。

第二十章　道德辨別力

　　將所有不和諧的思想全部驅趕出心靈的世界，並不意味著我們需要對之前談到的結論的類型、屬性或者狀況進行改變。除非我們認為有足夠的理由對此進行改變，否則最好還是保持原來的狀態。一個人可能在沒有改變自己對他人品格觀點的前提下，克制住對仇恨之人進行攻擊的想法。與之類似的是，我們同樣可以透過認為他人是值得讚賞的這種思想，將關於他人的負面思想全部趕出心靈的世界。

　　如果一個人想要透過分辨黑白、好壞、對錯，或者以任何途徑說服自己去獲得一個不正確的觀點，對我們都是沒有半點好處的，相反，只會為我們帶來許多障礙。這樣一個過程只會降低與模糊我們對正確的認知，所以對我們來說是一種嚴重的障礙。這樣做其實就是一種自我欺騙的行為，當他說敵人是我們的朋友的時候，他內心也知道事實並非如此。所有的謊言本身都是一種錯誤的表現，如果說這樣的行為真的能夠產生什麼作用的話，那就是對自己撒謊，這要比向他人撒謊造成更加嚴重的後果。

　　從任何事物中搜尋正確美好的東西，不應該被降格成將任何事物都看成是美好的事物，或者認為錯誤的東西也是正確的。這樣一個過程會混淆我們自身的判斷力，讓我們分不清哪些是正確的，哪些是錯誤的。關於這些內容，我們已經談論了許多。關於這個主題的所有思想都應該盡可能清晰、積極且

明顯。這兩者的界限應該是非常清楚的，好的就是好的，壞的就是壞的，無論我們對此給予怎樣的稱號，或者對此有什麼樣的看法。如果錯誤的東西呈現出來，我們就可以對此進行認知與理解，知道這些錯誤所具有的真正屬性，從而更好的加以避免。但這樣做的前提是我們不能受到任何不和諧思想的影響，同時意識到美好的事物正出現在我們的眼前。

我們絕對不能承擔將壞事當成好事、將自身缺陷看成值得高興的事情的後果。我們不能將自身的不幸視為自身的一種優勢，也不能將這些事情視為一種人生必須經歷的挫折，不能將這些不好的東西視為給我們教訓的一種工具，因為如果我們擁有足夠的理解能力，就可以事先對這些事情進行認知，這將讓人們避免處於逆境狀態。每個人都不應該譴責那些壞人，也不應該對朋友犯下的錯誤耿耿於懷，而是應該將自己所有關於不幸的遺憾情緒都放下來，不讓這些情緒牢牢的控制自己，不再因為自身的缺點自我譴責 —— 事實上，我們應該將所有的不和諧思想都放下，將這些思想清除出我們的心靈世界 —— 當然，每個人都可以在不改變自身對某些事物看法的前提下這樣做。當我們完成了這一步，就能夠以客觀公正的心態去看待事物，看到事物存在的真實一面，掌握自己應該掌握的知識，學習自己應該學習的東西，最後獲得一個正確的結論，決定哪些事情是對的，哪些事情是錯誤的，然後按照自身的決定做出恰當的行為。

每個錯誤或者謬誤所具有的真正屬性都是我們應該正確理解的，但是我們應該用更為清晰、準確與確信的態度去這樣

做，將所有的不和諧思想全部趕出心靈世界。避免這些不和諧思想進入心靈世界，並不意味著我們就要遠離所有關於正確價值或者事物屬性的恰當理解。過去的事情已經過去了，過去的錯誤已經鑄成了，過去的罪過也已經犯下了 —— 所有這些事情都是我們應該盡全力去改正的，而不應該沉湎在這些事情為我們帶來的錯誤思想當中。每個人都應該對過去的這些錯誤進行詳細與認真的研究，只有這樣，才能對此有正確的理解，從而更好的避免在未來再次遭遇這些事情。這是一種合理、現實的行為，能夠帶給我們更好的指引，讓我們做事時變得更加高效。

那些想要努力將所有不和諧思想都排除在心靈世界之外的人，其實沒有必要擔心自己會失去對正確與錯誤的正常認知。事實恰恰與此相反，這裡所提到的心靈訓練將讓我們對正確與錯誤形成更敏銳的認知，因為訓練辨別能力的做法不僅讓我們更好的將錯誤與不和諧的想法全部趕出心靈的世界，而且讓真實與和諧的思想進入我們的心靈，這對我們成功的做好眼前的工作是非常必要的。誠然，任何正確的行為都需要我們進行一定程度的辨別之後才能做到。我們必須增強自身的分辨能力，才能夠形成更加準確的判斷，讓自己對自身思考的道德品格有更清晰的洞察力。這些讓人感到愉悅的狀況都將隨著我們自身能力的不斷提升而得到增長。在這樣的基礎之上，我們的辨別能力就會壓倒心中的疑惑，讓我們更好的接受那些正確的事情。最後，我們將對事物有更好的理解，為那些正確的事情感到高興，並排斥那些錯誤的事情。之前我們認為可能是錯誤的

事情，過一段時間，可能就會被我們視為正確的。對每個想要知道哪些事情才是正確的人，這樣的方法就是最具價值的。

　　在我們進行努力的過程中，將發現耶穌基督的這句箴言：「無論誰按照他的意志去做事，都將知道他的信條。」同樣的道理也可以用其他話語表述：「無論是誰，只要他真心願意選擇一些正確的事情，並且持之以恆的去做，他就會知道該怎樣去做。」

第二十一章
一點分析及其運用

　　也許造成我們產生不和諧思想的主要原因，就是某些事情、狀況或者外在事物對自我產生的一種影響。心智與思想的連結以及造成它們的原因都是緊密相連在一起的，但這其中又有兩種思想 —— 一種是沒有任何不和諧屬性的思想，另一種是帶有不和諧屬性的思想。這兩種思想究其屬性是迥然不同的，因此將不和諧思想排除在心靈世界之外，並不需要我們將所有與之相關的思想都相連在一起。這就好比當一棵果樹上的某個果子出現了潰爛時，我們沒有必要將整棵果樹都連根拔掉。

　　這個時代的生活節奏不斷加快，人們想要過上一種平淡簡單的生活並不那麼容易。透過詳盡的分析，我們可以發現，自身的思想或多或少都有些複雜，這其中牽涉諸多因素，每一種因素都具有顯著的特點。這些因素經由看似不可分離的聯合一起運轉，但它們彼此又相互分離，並不需要依靠彼此來實現自身的存在。這些因素可能形成不和諧思想的泉源，所以我們應該將這些因素全部排除在心靈世界之外，同時不能干預其他因素的正常運轉，不能影響到自身思考與行為的效率。只有這樣，我們才能在把不和諧的思想趕走的同時，不影響自身正常的生活。

這並不意味著那些看似因為不和諧思想而產生的物體、責任或者要求都應該被全部拋棄掉，也不是說我們應該停止對這些方面的思考。這只是意味著我們應該消除不和諧思想與其的關聯。以一種和諧的思維方式思考某個物體或者現象，這與我們用不和諧的思維方式思考存在著極大的反差。

　　這兩種不同思維方式的關係是非常緊密的。在執行心靈控制的層面上，有時我們甚至有必要停止對誘因事件的全部思考。在早期的嘗試過程中，這樣的方法通常被證明是最有效且最成功的。如果我們能在某段時間內將關於一個主題的所有思想趕出心靈，我們會發現，自己能夠在相當長的一段時間內，不讓不和諧的思想進入心靈的世界。對某個主題進行恰當的考量，應該需要我們進行恰當的分析，只有這樣才能夠獲得良好的結果。

　　只有當我們將這些不和諧的思想全部趕出心靈的世界，才有可能以更加敏銳、客觀與準確的心態去看待當前所面臨的情況。在這樣的情況下，我們才可能對整個局勢進行更加清晰的判斷，做出最好的選擇，尋找與當前情況最相符的做法。

　　一位朋友可能對我們做出了一些不恰當的行為，我們也認識到，這位朋友可能受自身的憤怒、遺憾、悲傷或者其他不和諧的思想所影響，從而做出了這樣的行為。在面臨這種情況的時候，我們應該立即將朋友傳遞出來的這種不和諧思想全部趕走，不能有絲毫的猶豫。每個人都體驗過這樣做所帶來的身體感受，這樣的成功感覺能夠幫助他們更好的解決眼前所面臨的事情。之後，他們就能在極短的時間內將這些不和諧的思

想全部趕走，不讓自己與這些不和諧思想產生任何關聯。可以說，只要我們稍微給予不和諧思想一些注意，就會影響到我們和諧的思想，即使除了這些思想之外，沒有其他的事情影響著我們。

當不和諧的思想徹底從我們的心靈世界消失之後，我們就能夠對事情進行更加準確的判斷。這樣的事情到底是怎樣發生的？造成這件事情的原因是什麼？這件事該指責誰？他是否做了一些事情，從而導致朋友這樣做呢？在這樣的情況下，到底怎樣做才是正確與最好的選擇？這些問題都需要我們面對、做出決定，但是任何人都不應該因為這些問題的存在，而產生任何心理上的不和諧。因為這種不和諧心理在心靈上產生的強烈程度，最終會不可避免的讓我們對事情產生不準確的看法，接著得出錯誤的結論。如果我們的內心沒有這種不和諧的想法，那麼我們就能夠以冷靜且睿智的態度去面對這些事情。

遠離不和諧的思想並不意味著我們要忽視自身的使命或者逃避任何責任。事實恰好相反，這意味著我們需要在執行每一個正確任務或者使命的時候，都始終保持旺盛的精力，更加圓滿的完成每一件正確的事情。這意味著我們需要將所有阻礙實現個人高效行為的心理與生理障礙都消除掉；意味著我們要盡可能避免讓身體出現不和諧的狀況，避免因為不和諧思想所導致的個人煩惱；意味著我們需要儘快處理那些毫無用處或者有害的思想，從而讓自己有更多的時間與精力去做一些更有價值、更有用的事情。當我們不再去想那些不和諧的思想，我們的心智與身體就會變得更加強大，有能力讓自己沿著正確的道

路更好的工作。

　　我們面對著這個時代存在的這個邪惡的事物，或多或少都會受這些事物的影響。我們與這些事物的關係越接近，就會產生越多不和諧的思想，引發越多不和諧與有害的情感。要是我們認真觀察一下過去一個世紀出現的種種邪惡的行為，就會發現造成邪惡行為的環境，多少都與不和諧的思想相連在一起。我們在談論的時候，就會提到道路上存在的障礙。也許，這其中還夾雜著遺憾、憤怒或者對人的譴責，甚至為自己沒有能力跨越這些障礙而感到絕望。或者說，我們可以對自己進行嚴格的控制，從而不讓自己的心靈產生任何波動。因為不和諧的思想沒有在我們的心靈世界出沒，所以我們能夠更加輕鬆的跨越這些障礙。我們可以透過養成的習慣對心靈進行訓練，這樣我們就不會對任何事情產生不和諧的思想。這就好比發生在上千年前的事情，根本不會讓我們產生任何不和諧的思想。

　　只有當我們在面對外界所有事情的時候，都能夠保持內心的平靜，才被視為對心靈訓練有了完整的控制。在此基礎之上，我們就能夠更好的擺脫所有不和諧的思想與情感，獲得真正的自由。

第二十二章　習慣

　　長久以來，道德家都有這樣一個傾向，那就是貶低習慣的作用，這也許是因為他們的注意力都集中在那些不良的習慣上，而忽視了那些良好習慣為人們帶來的作用，或者說，他們對摧毀一些不良的習慣更感興趣，而對於培養一些良好的習慣似乎不那麼在意。這些道德家對那些不良習慣所持的觀點之所以會占據主流，部分原因可能是不良的習慣會占據人類的心智，從而讓我們無法將美好的一面呈現出來。但是，我們真正該做的並不單純是摧毀這些不良的習慣，其實更應該為自己培養一些良好的習慣。當然，這樣的觀點可能是那些道德家在過去長期的歷史中演繹出來的，因為這些人都具有一定的威望，所以他們所持的觀點也會得到世人的廣泛認同，即認為當一個人產生要去做邪惡事情的傾向時，他可能逐漸走上墮落的道路。幾個世紀前，奧維德（Ovid）曾這樣寫道：

> 不良的習慣在看不見的維度上聚集起來
> 正如小溪變成河流，而河流則向著大海流動。

　　奧維德的這句話之所以會對人產生相當消極的作用，就因為他所說這些話本身具有消極屬性，讓人的心靈產生了消極的思想，從而阻止人們成功的消除那種不斷增強的邪惡行為。但是，我們完全可以對此採用一種更為客觀的態度，從而讓我們在受到鼓舞與支持的狀態下，養成更好的習慣，摧毀那些不良

的習慣。

習慣是心智產生的一種去做某些事情的自然傾向，當我們不斷地重複某些事情的時候，做這些事情就會變成我們自身的一種自然而然的行為。通常來說，要想習慣一種全新的行為，都是一個比較緩慢且困難的過程，但不斷重複去做，則會讓我們對此變得更加熟練，最後可以在絲毫沒有察覺，或者完全按照自身意願的情況下做出這樣的行為。這就是人們絕大多數行為的泉源。一些人說人的所有行為都是一種反射行為或者自動行為，與我們的心靈活動存在著獨立的關係。按照這樣的說法，任何不斷重複的行為最終都有可能變成條件反射行為或者自動的行為。在我們打開門的這個過程裡，人們不僅能夠控制有意識的思考，而且能夠透過對習慣的創造與控制，去創造與控制那些自己沒有意識到的思想。

鋼琴演奏家的行為就是闡述習慣對我們產生影響的絕佳例子。當一位演奏家在演奏過程中，突然遭受癲癇病的困擾，他依然能夠圓滿的完成演奏。這是因為他之前經過長時間持續的練習，已經養成了這樣的習慣。當然，對演奏家來說，養成這樣的習慣是需要耗費很多時間的，但從最後的結果來看，對不和諧思想的控制要比演奏家的音樂成就更有價值，不論他的音樂成就多麼讓他本人感到高興。

習慣能夠以一種絕對公允的方式運行。良好的習慣能夠為我們帶來極高的工作效率，而不良的習慣同樣能夠極大的降低我們的工作效率。正確的思想與錯誤的思想都能以同等的方式產生各種不同的影響。一種良好的行為習慣所產生的力量與一

種錯誤的行為習慣所產生的抵消作用，其實是相當的。我們可以輕易的控制一開始在腦海裡出現的想法，可以採用不斷強調或者重複的方法控制它，也可以直接將這樣的想法排除在心靈世界之外。如果一個人堅持不懈的去做某些事情，他就會產生持續這樣做的傾向，不管這樣的情緒是天生就存在的，還是後天學習所得，都會逐漸變成一種根深蒂固的行為，它要麼被人為的進行改變，要麼被我們摧毀。當我們養成了始終將不和諧思想排除在心靈世界之外的行為習慣，這樣的習慣就會在我們的心靈世界裡牢牢扎根。之後當我們再次面臨相同的情況，就可以輕而易舉的將那些消極思想全部趕走。所以說，無論是良好的習慣還是不良的習慣，其實都是我們不斷重複某些活動之後所帶來的結果。

　　如果某人不允許那些不和諧思想持續的在心靈世界裡活動，就應該在每次意識到這些思想存在的時候，將它們趕出心靈的世界。我們就能夠養成這樣一種習慣，那就是無論什麼時候，只要不和諧的思想出現在心靈世界裡，心智都能夠自動的遠離這些思想，同時不需要為此耗費任何的意識能量。正如傑出的音樂家能夠非常自然的將手指按在琴鍵上，而絲毫沒有意識到這樣做需要耗費他多少能量。這是因為心智已經養成這樣去做的習慣，所以他才能夠以看似不費力氣的行為去這樣做。對那些之前從未接受過這方面訓練的人來說，要想找準一個琴鍵，是一件非常困難的事情。因此，當這樣的習慣形成，就可以在不和諧思想出現之後，讓心智自動將這些思想趕出心靈的世界。想養成任何習慣，心智的活動只須沿著正確的方向持續

的重複這樣的行為。在這個過程中，更為重要的一點，就是要將所有不和諧的思想全部消除掉。每當這樣的思想冒出頭來，就要迅速的將其消滅。人們應該明白這樣一個事實，並從這樣的事實中受到鼓舞，好好的利用養成習慣的規律，從而讓習慣更好的為自己服務。

我們絕大多數的良好行為都是習慣性的，這也是每個人都應該做到的。詹姆士教授這樣說：「事實上，我們的美德與惡習都代表著一種習慣。」我們應該養成良好、有用且具有美德的行為，而要想做到這一點，就需要我們努力養成正確的思考習慣。

奧維德所寫的兩句話顛倒順序去看，依然是真實的。當我們審視順序顛倒後的句子，就會發現它所傳遞的意義要比原先句子更加精確，讓人們獲得更多的鼓舞，從而讓每個人都能為自己創造一種更加良好的心靈狀態。

這兩句話就是：

不良的習慣在看不見的維度上聚集起來
正如小溪變成河流，而河流則向著大海流動。

第二十三章
思考與健康之間的關係

思考與人的每一個身體動作（不管是最明顯的動作還是最不明顯的動作），都屬於因果的關係，因此相同的關係同樣適用於思考與健康及疾病之間的關係。和諧的思想就是原因，健康就是最終的結果。不和諧的思想也是原因，而疾病也是最終的結果。每個人都會按照自身的意願去建構自己的世界，每個人都可以按照自身的意志去建構這樣的社會。

如果霍爾校長關於此方面的論述能被世人接受，即任何思想的變化都會引發肌肉的變化，那麼上面這段話也應該為世人所接受。詹姆士教授對此的看法則更為明晰，他說，心靈狀態始終都會引發呼吸、一般的肌肉收縮、血液流通、腺體以及其他內臟等方面的活動。他的這個觀點與蓋茲教授的觀點直接呼應。蓋茲教授認為，憤怒、嫉妒、仇恨或者其他惡意的思想都會引發身體分泌出各種有毒的化學物質，其中就包括類似於毒藥的東西。血液的循環以及其他的身體功能都會為熱情或者其他情感所影響。笑聲與眼淚都是涉及肌肉變化以及腺體分泌的身體活動，而造成這些活動的根本原因就是心靈活動。同樣的道理也適用於所有的身體活動。

但是，有人會提出反對意見。比方說，我在晚上睡覺的時候並沒有想著頭痛這回事，但第二天醒來的時候卻發現自己頭

很痛。沒錯，這是一個很好的例子。當小偷產生想要獲得鄰居財產的想法時，他根本沒有產生要去偷竊這些財產的想法。當母親為自己夭折的孩子感到無比傷心的時候，她也沒有想到過要哭泣。甚至當一個人在身體因為笑聲而突然抽搐的時候，他其實也沒想到過要發出笑聲。要是我們的心智世界從來都沒有產生一種可笑的想法，那麼我們是不會發出笑聲的。要是這位母親的心智世界從來都沒有悲傷的思想，那麼她也是絕對不會流出淚水的。要是我們之前沒有覬覦他人財產的想法，那麼我們也根本不會產生偷竊的念頭。要是我們的心靈世界裡沒有產生不和諧的想法，我們也根本不會感到頭痛。

蓋茲教授的實驗展現了思考對健康所產生的直接影響。他發現一點，那就是憤怒能夠讓人在呼吸的時候產生一種棕色的物質。在接下來的實驗裡，他搜集了許多這樣的物質。之後，他將這些物質當成試驗品進行實驗。在每一個實驗裡，他都發現，這種物質能讓動物產生一種興奮或者刺激的感覺。在他對置於另一種思想狀態下的人進行試驗的時候，他從試驗者的呼吸中獲得了另一種物質，當他將這種物質注射到白鼠身上，小白鼠在幾分鐘之內就死了。詹姆士教授曾說，仇恨必然會消耗我們自身最為重要的能量，因為仇恨的思想會讓我們的身體產生多種有毒的化學物質。最後，他這樣總結說：「對一個正常人來說，一個小時的極端仇恨情感產生的有毒物質，甚至足以造成 80 個人的死亡，因為產生的這種有毒物質，是科學界有史以來認為毒性最強的物質。」

蓋茲教授還讓兩位年輕的女士參與了這樣的實驗。首先，

蓋茲教授採用了多種方式去確認這兩位女士都處在一種正常的狀態中。其中一位女士被要求寫下她生活中各種美好、愉悅與開心經歷的清單，而另一位女士則寫出與此相反經歷的清單。蓋茲教授讓她們在長達一個月的時間裡堅持這樣做，然後用一開始測試她們心理狀態的方法去對她們進行檢驗。檢驗結果發現，第一位女士在這個月的時間裡收穫良多，而另一位女士則失去了許多。

　　所有的身體活動或者狀態，不管是有意為之還是無意為之，都是自身思考的結果。因為疾病就是身體活動與狀況的一種呈現，所以這樣的法則幾乎適用於所有的疾病。在聽到壞消息時所感到的悲傷、遺憾、不安或者恐懼，通常都會造成腸胃神經的紊亂，從而對身體產生一連串的消極影響。而這些消極思想存在的強烈程度也會對身體的器官造成損傷，甚至讓消化的過程出現中斷。我們會這樣說：「這簡直就像一拳打在我的腸胃上。」這樣的表述是比較具體的，也是非常準確的。幾乎每個人都有類似的經歷。如果我們能夠對自己進行一番深入的審視，就會發現「這樣的情況」其實就代表著一種思想或者一種思想集合。胃部之所以出現那種不良的反應，就是這樣的思想所導致的。而我們的身心狀況之所以會表現出不同的情況，其實就是因為我們的思想出現了變化。當我們的腸胃功能出現紊亂的時候，可能影響到我們的頭部，讓我們出現暈眩或者頭疼的情況。甚至還會影響到視覺神經，讓我們的視線變得模糊，或者以一種消極的方式影響我們的身體功能，造成身體的虛弱與疼痛。這樣的過程可能持續一段時間，時間的長短則取

決於我們讓這些不和諧思想存在的時間以及強烈的程度。

　　正如某些人所說的那樣，誰都沒有必要故意思考某一種疾病，只是為了患上這樣的疾病。事實恰恰與此相反。疾病很少是因為我們對某一種身體不適所進行的思想而產生的，雖然有時可能是因為這樣的思想造成的。但某種類型的不和諧思想卻會啟動這樣的特定思想。有時，這樣的思想存在的鏈條是非常長的，會對我們的生理或者心靈活動造成嚴重的影響。

　　就其屬性來說，造成某些疾病的直接原因雖然可能完全是生理層面的，但這樣的疾病之所以產生，必然有其原因。如果我們能夠進行深入搜尋的話，最終必然會發現這源於自身的某種心靈活動或者狀態。要是我們穿著不合腳的小號鞋子，一旦習慣，就可能會讓我們的雙腳出現變形。同樣的道理，如果我們長時間被一些不良的思想影響，我們的身體依然會出現同樣的扭曲，感到痛苦。可見，心靈的改變將會改變我們對事物的整體看法。我們選擇了不合適的鞋子，可能是因為自身的不留意或者根本就沒有對此用心。有人會說，造成這種痛苦的原因完全是身體層面上的，但關於鞋子型號與外形的思想卻影響著我們在選擇鞋子時做出的決定。正是因為我們有了這樣的思想，才有了之後做出的行為及其後果。因此，造成痛苦的根源就是我們自身的思想，雖然這看似與我們的健康有著遙遠的距離。有時，成年人或者老年人所患的疾病完全可以追溯到他們小時候或者年輕時的一些遭遇，只不過因為時間過長而被當事人遺忘了。

　　歷史上有很多心理狀況直接造成疾病的例子，很多這樣的

例子都被記錄在醫學檔案中了。約翰‧亨特（John Hunter），一位英國內科醫生，患上了心臟病，他將自己的疾病歸結為在解剖狂犬病病人的屍體時，他的內心始終感到無比恐懼。據說，亨特醫生後來之所以死去，就是因為他的憤怒。

雖然在一些情況下，肯定會有一些已知的狀況和與已知思考相關的情況出現，這說明了某一種疾病的出現就是自身某些思想的產物，但並不能說明這些疾病的出現就是因為某種特定的思想，也不能說明這樣的思想總是能夠產生特定的疾病。我們還不知道那些自身無法察覺或者潛意識的思想可能對疾病產生的影響，也就是說，我們還不知道一些疾病出現的具體原因，或者說對一些疾病的原因了解得很少。當然，我們的知識依然無法保證我們能夠就某種特殊疾病得出特定的結論，並且證明它是正確的。

毋庸置疑，一些頭痛症狀就是憤怒的情緒造成的，但這並不能說明我們每一次的頭痛都是憤怒引起的，也不能說明憤怒是造成頭痛的主要原因。還有其他多種心靈狀態是造成頭痛的可能原因，憤怒也可能造成身體出現其他情況。因此，想證明某一種疾病是由某一種特定的思想或者情緒造成的，幾乎是不可能的。

正如有些人在憤怒的時候，臉色會變得蒼白，而另一些人在憤怒時臉色則顯得很紅。這個例子足以說明這個事實。對前者來說，當他們感到憤怒的時候，血液就會從皮膚表面流走；而對後者來說，當他們感到憤怒的時候，血液就會從其他地方流到皮膚表面。對於不同的人來說，當他們面對同樣一種情緒

的時候，血液的流向可能是不一樣的，這非常清楚地說明，將每一種類型的不和諧思想都歸為某一種疾病的原因是根本站不住腳的。某些人可能為了預防一些疾病，將一些思想趕出心靈的世界，證明這樣做對他是比較有用的。但這樣的做法對其他人來說可能就是不正確的。產生不和諧思想的泉源就應該被全部清除掉，而消除任何錯誤的思想都應該會獲得良好的結果，即使這樣做並沒有將某種疾病完全消除掉。

　　為了保持良好的健康狀況而將錯誤或者不和諧的思想全部趕走，並不是我們所談論的最高動機。道德層面上的考量才是這樣做最為重要的理由。當然，要是為了健康的原因而這樣做，也比延續之前那些錯誤的思想來得更好一些。將所有錯誤的思想全部摧毀，就能根除所有的疾病與錯誤的行動，這能夠讓整個人得到昇華。

　　我們所談論的原則也清楚地解釋了一點，那就是為什麼會出現故態復萌或者那些之前已經治好的病又復發的情況。如果治癒的方法需要被治癒者改變他們的心理習慣，徹底遠離或者根除造成疾病的原因，這樣的疾病就不會出現反覆。如果我們沒有改變原先的心理習慣，一開始產生這種疾病的思想過一段時間就會重新出現。這也解釋了為什麼耶穌基督告訴那些被他治癒的人，要勇敢的向前走，而不要沉淪於過去的罪孽；這也解釋了耶穌基督告訴他的門徒不僅要治癒他人，而且還要對他們進行教導。思想的教導應該伴隨著每一種情況的治癒，導致疾病的原因才能夠在未來得到避免。當我們真正做到這一點之後，這樣的疾病在未來就不會復發了。

但有人也談論到一些因為過猶不及等行為所造成的疾病，難道這樣的疾病也是因為思想所造成的嗎？這個問題的回答是肯定的。人的思想本身會以直接或者間接的方式對這些疾病的產生造成影響。因為每一種過猶不及的行為都是有其原因的，在所有支配自身行為的背後，都是個人心靈的行為與狀況。要是能夠在一開始或者在過程中改變之前的思想，最終的結果可能會有所不同。震顫性譫妄（一種因飲酒過度而產生的疾病。──譯者注）就是在人過量飲酒之後所產生的行為。人們會說，造成這種行為的根源就是酒精。沒錯，酒精的確是原因。但是，飲酒這種行為本身是人們思考之後的結果。如果當事人根本沒有想過要去喝酒，又何來的震顫性譫妄呢？

　　即使酗酒的行為習慣是一種遺傳傾向的結果，這樣的事實依然沒有發生改變。在這樣的情況下，人的一系列思想與環境之間的關係，只是將因果思維從造成疾病的原因中移除了而已。那些天生就有酗酒傾向的人之所以會這樣，其實也是他的祖輩的思想以及行為造成的。如果他的祖輩之前從來沒有喝過酒，他就絕對不會被遺傳到這種喝酒的傾向。即使我們承認了這種遺傳傾向，依然還是可以憑藉對自身思想的嚴格控制去摧毀這樣的傾向。在這種情況下，我們需要付出更大的努力才能做到。如果我們做出了足夠的努力，持續不斷地堅持下去，必然能夠獲得最終的勝利。

　　造成這些身體狀況的最初原因，都可以從思想的存在或缺乏方面找到原因。一個人跌倒了，摔斷了手臂，是因為他在走路的時候沒有看路，而想著其他事情。那些劣質工程之所以很

快就會倒塌，掩埋了住戶，是因為建築者在建造的時候想的只是如何賺更多的錢，而根本沒有想到使用有缺陷或者廉價的材料可能帶來的嚴重後果。一次火車事故可能是因為某個轉轍工的錯誤，這位轉轍工可能覺得之前的火車已經過去了，接下來的火車應該沒有那麼快到。這樣的例子實在太多了，耗費整個章節的篇幅都無法說完。當我們列舉了所有的例子之後，會發現所有事故之所以出現，一開始看上去都是因為生理層面的原因，但我們最終會發現，心智及其行動幾乎都是造成這些事故的終極原因。即使我們從更寬泛、更深層的原因去看，也會發現某些人摔斷骨頭或者手臂脫臼，可能都與人類從遠古以來一直遺傳下來的心理習慣相關。

由不道德的思想所產生的疾病分類是非常多的。每過一天，那些認真觀察的人都會發現，之前一些看似不屬於這個名單的思想，原來都可以歸結為這樣的思想。思想始終是任何不道德行為的發端，因此思想是所有因此而出現的疾病的終極原因。不道德的行為只是思想與疾病之間的一座橋梁。倘若一個人沉迷在不道德的思想裡，必然會為他的身心帶來一定的負面後果。這樣的思想不僅會為人帶來負面的結果，也會為身體系統帶來嚴重的影響。但是，我們要明白，所有這一切都是自己造成的。

那些認識到思想會帶來因果關係的人，有時會說所有的疾病都是因為罪孽而產生的。誠然，所有的疾病都是錯誤的行為造成的，但同樣真實的是，並不是所有錯誤都算得上罪孽。錯誤是源於未知事實的真實情況，這算得上無知，但無知也算得

上錯誤的一種。所以，我們很難將這樣的錯誤歸類為罪孽。因此，要是我們將那些身體存在缺陷的人稱為有罪之人，將是非常殘忍且有失公允的做法。這是一種譴責的行為，而我們應該避免所有自我譴責的行為，因為這屬於不和諧的思想範疇。更糟糕的是，如果我們在面對這種情況的時候對自己進行譴責，則是完全錯誤的做法，也毫無必要。如果患病的好人只知道錯誤的思想與錯誤的行為一樣是不好的，這會將所有不和諧的思想全部趕出心智，正如他努力避免讓自己做出錯誤的行為，他可能會因為無知或者錯誤而患病，但這並不是因為他犯下了什麼罪孽而造成的。個人的自我控制以及透過對思想的控制，可以幫助每一個有良知的人去控制自身的行為，但這樣做的前提是他們有能力控制自身的思想。

這就解釋了即使一些人平常的行為舉止是無可指責的，但他們卻深陷疾病困擾的原因。那些深陷疾病的好人在心靈的世界裡始終有不和諧的思想，但卻始終都將其隱藏起來。他們知道自己不應該傷害鄰居，但是因為他們知道什麼是正確的，所以認為自己有責任在內心譴責自己。這些人憑藉著自身的意志力量管住了嘴巴、雙手以及所有的外在舉止，但卻讓造成他們疾病的不和諧思想大行其道，牢牢的控制住了他們。

不和諧的思想遭到壓制的時候，就好比一把火被踩了幾腳，卻沒有完全熄滅，依然殘存著火星。他們內心的痛苦會隨著自身的持續壓制而變得更加強烈，這種痛苦不斷折磨著他們的神經，從而阻礙了腺體與內臟器官的正常運轉，摧毀了肌肉的能量，讓他們的骨頭缺乏力量，讓身體產生許多有害的物

質，從而為自己帶來各種疾病，使身體變得羸弱。很多人有時感到頭疼或是發燒，有時則渾身冰涼，有時因為消化不良不敢吃東西，有時則吃一些有毒的食物傷害了身體。

被壓制的思想無時無刻不在想著透過各種形態的身體活動呈現出來，或者找到發洩的途徑。因此，在我們壓制這些思想的過程中，很有必要投入更大的努力進行壓制，以保持對自身的控制。我們需要足夠的身體能量來實現對肌肉的控制，從而更好的壓制這些不和諧的心理活動，這就需要我們的意志能夠釋放出持續的能量，從而增加了身體的負擔，對身體、心智與道德造成傷害。要是我們能夠在這些不和諧的思想剛剛萌芽的時候，就將其清除出心靈的世界，就不需要耗費這麼多的能量了。因此，雖然一個好人可能沒有向世人展現出這一面，但他卻可能因為自身懷有的不和諧思想而毀掉自己的健康與人生的幸福。

也許除此之外，那些壓制自身思想的人在絕大多數方面，都保持著很高的道德標準與敏感的良知，他們其實也對心靈存在著這樣的思想感到無比憤怒。這樣的想法會讓他們敏感的內心感到遺憾、自我譴責、悲傷或者悔恨。這樣的情感本身同樣是不和諧的，因此也是非常有害的，這會讓他的心靈元素無法正常的運轉下去。這樣的思想可能會在長達數年的時間裡，一直在心智的世界裡沉睡，不為我們所知，最終在某個不幸的時刻爆發出來，這讓他自己感到驚訝，也讓身邊的朋友們無比錯愕。當重重的負擔疊加起來，壓在身心上的重量就可想而知了。沒錯，他看上去是一個好人，但卻無法擁有健康的身體和

旺盛的精力。事實上，這樣的「好人」只是苟且的活著罷了，只有當他們將所有這些不和諧的思想全部排除出心靈的世界，才能夠過上真正自由的生活。

第二十四章
原則的摘要重述

在人類所有的活動當中，有三種行為是按照固定的順序出現的：第一，外界事件的發生。第二，緊隨著外界事件出現的思想。第三，因為思想而引發的身體行動始終受制於思想的控制，所以必然會讓這些行為具有思想本身的屬性。可以說，這一順序唯一的例外情況就是，那些行動本身是發源於心智本身的，而不是源於外界的任何刺激。

既然所有的身體行動都受制於我們的思想，那麼行動本身就不是受制於引發我們思想的外界環境。既然我們所有身體行動的屬性都是完全由思想本身決定的，就必然會與健康或者疾病存在同樣的狀況。這一結論是正確的，因為身體出現的所有狀況都被視為純粹的存在，而思想本身的屬性也決定了行為本身的屬性。

我們就以手指觸摸的例子來闡述。手指觸摸所產生的心理意識可以透過兩種管道來傳送。一種管道就是沿著手上的神經路徑傳送，接著沿著手臂與脖子，一直傳送到大腦。另一種管道就是透過光線顫動這種更為直接的方式傳送到眼部的視覺神經，然後沿著視覺神經傳送到大腦。後面這一條傳送路徑要比前面一條更短，身體對外部感知的方式幾乎都是透過這樣的途徑進行的，因為這樣的傳送速度要比神經路徑的傳送速度快

上許多。因此，我們在感受到手指觸摸物體前所產生的意識以前，就已經看到了手指觸摸的行為。

在我們對視覺感知或者神經感知這兩種方式進行感知的時候，必然會發現其中存在著一種時間差，我們就是在這樣的時間差內進行思考的，因為我們的思考活動本身就是即時發生的，在極短的時間內就能夠完成。按照在此所設定的原則，這樣的思想過程決定接下來觸摸這一行為所具有的屬性。事實也的確如此。那些曾在這樣的環境下認真觀察過心靈與身體行動的人，都可以體驗到這樣的感覺。如果對心智的控制是正確的且能夠完全保持的話，我們在這之前就不會產生任何不和諧的思想，也不會感受到任何疼痛。人們已經重複過這樣的行為了，所有能夠控制自身思想的人都可以證實這一點。

類似的經歷不僅會與觸摸的行為發生連結，而且還會在手指碰到火或者其他物體的時候發生。生活中有許多這樣的例子，即當沸騰的水倒在我們的手或者身體其他部位上時，我們依然沒有感到疼痛或者出現其他症狀。成功做到這一點的人不僅不會感受到疼痛，他們的皮膚上也不會出現水泡或者其他症狀。可以說，這樣的情況一般都是發生在視覺神經與神經路徑之間傳送的間歇，當然當事人要對此隨時保持警惕，並且對自身的思想有著良好的控制力。

這些經歷都具有最為簡單的品質，因為這些行為本身是比較簡單的，所以最後想要獲得比較好的結果也是很容易的。但是這樣的行為也展現了一般性論述的精確性。因為他們所置身的簡單環境與身體行動所處的狀態，其實有時候並不等同。我

們完全有可能控制簡單行動的屬性，正如在所有的行動裡，我們都能夠成功的加以控制，更好的處理複雜且困難的事情。

事實上，在這種間歇控制的過程中，和諧的思想能夠替身體行動烙上自身的屬性，這就是原則本身在生理與現實中的展現。因為如果我們的思想本身是不和諧的，我們接下來一般都會感到痛楚。

我們非常有必要將各種類型的不和諧思想全部趕出心靈的世界，其中一個重要原因就是，單純遠離那些因為眼前發生的事情而產生的不和諧思想是不夠的。無論何時何地，我們都應該將不和諧的思想趕出心靈的世界，從而讓自己能夠獲得圓滿的成功。那些接受過這方面充分訓練的人會對自己無法就此進行解釋感到驚訝，直到他們想到不和諧思想是與一個完全不同的主題存在關聯的，因為這些不和諧思想當時就存在於他的心智世界裡。

這個原則蘊含著我們追求絕對健康的可能性。要想獲得絕對的健康，我們只須追尋這樣的法則。當製造疾病的所有不和諧思想全部消失之後，疾病本身就會消失，接下來我們就能夠擁有絕對的健康。

這一論述與數百年間流傳下來的思想傾向是相悖的，因為很多人沒有經過任何思考就將這樣的思想拋棄了。再次提到一點，那就是對一些人來說，這樣的情況似乎不能再簡單了，但是他們卻依然不能看到這麼重要的結果，其實背後的原因是很簡單的道理。除此之外，堅持不懈的進行努力也是我們獲得成功的重要一步，但是真正能夠堅持下來的人實在是太少了。將

所有的不和諧思想排除在心靈世界之外，是非常有必要的，但很多人都會認為一些小事根本不足掛齒，所以沒有給予足夠的注意，根本不想著將這些小事做好。因為之前缺乏足夠的訓練，所以他們可能糊裡糊塗就能夠控制一些小事情，但當他們遭遇到更大的困難時，就會感到無比沮喪。即使如此，要想獲得絕對的健康，人們還是非常有必要將所有不和諧的思想都趕出心智世界的。

美國人時刻感到的這種輕率的不安以及他們自身行為的強度，都無時無刻不在促使他們「去做一些事情」。這就是美國人喜歡吃那麼多藥的一個重要原因，他們甚至強迫醫生替自己開藥，即使醫生說他們的身體狀況根本不需要吃藥，他們依然如此。但這是屬於具有另外一種屬性的方法了。這並不要求我們去做某些事情，而是需要我們停止去做某些事情 —— 我們並不需要去做一些行動，而是需要休息。這並不是要讓我們不去做事情，而是要放下始終做事情的衝動。

中國古代的思想家老子就曾對他那個時代的人說出這樣一個真理，雖然他的這句話是以負面形式展現出來的。老子說：「無為而無不為。」當正確的思想沒有受到錯誤思想的影響，正確的行為就能夠自然而然呈現出來。如果一個人不去想那些邪惡的事情，他就不會去做那些邪惡的行為。最終，正確的思想會占據主導地位，因為除了正確的事情之外，他不會去做任何其他事情。那些從來都沒有想過要去偷竊的人，是絕對不會去做偷竊這種行為的。古希伯來的先知就曾在以色列人處於危急關頭時說出這樣一句充滿智慧的話：「堅守原則，觀察上

帝的救贖。」這句話的意思是，以色列人不能完全靠自己的力量將事情做好，而應該將自己的本分做好，然後等待上帝的眷顧。上帝的行事始終是朝著正確路徑前進的。自然界的萬物都在始終朝著不斷淨化的方向發展。死水絕對會變得不潔淨，不斷流動的水會變得乾淨，即使不斷有雜質加入其中。即使芝加哥的地下排水通道充斥著整座城市的汙水，但在流動幾英里的距離之後，都能夠變得乾淨起來，甚至連化學家都檢測不出水裡面有什麼雜質。

同樣的道理也適用於人的身體。當身體內的某一個細胞沒有得到當事人的任何注意或者運用，那個細胞就會立即變得毫無用處，甚至會產生毒害，到那個時候，我們就要想辦法將這樣的細胞從體內清除出去。關於這一點，我們可以從蓋茲教授的實驗中獲得一些了解。憤怒的情緒會在極短的時間內讓身體產生有害的物質，然後透過呼出的氣體排出體外。這只是眾多例子中比較簡單的一個。生理學家告訴我們，一些有害的物質會在我們吞食不到一分鐘的時間裡，就透過排汗系統排出體外。人的身體就是有這樣一種強烈的傾向，能夠將不適應身體的物質排出體外。這就好比我們將劍放在劍鞘裡，從而避免鋒利的劍對我們的身體造成影響，而在需要的時候，我們又能夠很快的加以使用。

就連古代聖歌詩篇的作者都了解到，父輩的一些不正當行為只能傳到第三代或第四代人。可見，任何生命的自然傾向都是朝著更為淨化的方向前進的。自然界的一切事物幾乎都存在這樣的普遍傾向，這就讓我們認識到實現絕對的淨化是可以

的。只要我們始終遵循這種基本的心靈法則，就能夠很好的實現這一目標。無論是心靈還是物質層面上的創造，都是為了實現這一目標。如果人們能夠將那些不和諧的思想排除在心靈的世界之外，他們就不會讓自己產生任何的雜質，人就會像一條小溪，迅速變得清澈乾淨。

　　為什麼人不能停止在自己的心靈中播種疾病或者死亡種子的行為呢？為什麼不能讓和諧的思想像純淨的溪水那樣流經我們的人生，讓我們獲得淨化、健康與生命呢？即使父輩的一些缺陷可能會在接下來三、四代人中出現，但這樣的缺陷卻會在未來的日子消失，正如汙垢會隨著流水被沖走，除非其他不純潔的雜質不斷注入這條純潔生命的小溪裡。痛苦並不是與人生相隨相伴的。我們根本就不是一定要感受這樣的痛苦。人類活在這個世界上，並不是要忍受痛苦的。歸根到底，人類最終能夠憑藉自身意志，將所有不和諧的思想全部趕出心靈的世界，將造成所有痛苦感受的重要原因消除掉。

　　這些原則裡潛藏著一個重要的人生視野，這樣的視野能夠讓大洪水的古老故事變得不大可能出現，從而讓人生變得燦爛。如果人類能夠按照自然的法則做事，不再讓不和諧的思想毒害自己的心靈，他還有什麼事情做不到呢？除此之外，人類在遵循其他原則的時候，也是能夠漠視死亡的存在的，去實現曾經提到的夢想，最後能夠戰勝我們的敵人就只有死亡本身了。顯然，上帝在創造人類的時候，並不是想著讓人類遭受疾病侵害的，也沒有想讓人類始終惦記著自己必然死亡的事實。保羅和其他先知們說得對：「死神會在人類的勝利中被吞噬。」

第二十五章　焦慮的習慣

那些想將不和諧思想全部趕出心靈世界的人，必須要將心智內所有關於未來的不安與焦慮情感全部消除掉，讓過去的事情將過去埋葬掉。因為對未來的不安其實就是焦慮的另一個名目而已。為過去所做的事情感到悔恨其實就是不安與焦慮的雙胞胎姐妹，這兩者對所有和諧的思想來說都是有害的。

就焦慮一詞的本義來看，我們可以看到它會對人的心靈狀態產生怎樣的暗示或者影響。在古代盎格魯撒克遜人那裡，也許這個詞語是用來表達傷害的意思，或者用來指代狼群，而在愛爾蘭人眼中，這個詞語則用來指代那些被詛咒的人。在我們這個時代，這個詞語的意思就是扼住咽喉、窒息，或者狗在打架的時候咬牙切齒等等。

焦慮這個詞語的隱喻可以說明一點，那就是一種心靈狀態能夠透過生理表現完全傳達出來。在焦慮的中等階段，其表現為內心的不安、煩躁，有做出不良行為的傾向。而到了更激烈的階段，我們就會發現人感到呼吸困難，正如一隻狗或者一隻狼那樣咬住對方的咽喉，想要置對方於死地。如果我們在意識裡將焦慮視為一個人的話，這個人是非常恐怖的，而我們應該像見到鬼一樣迅速逃跑。

一個女人曾這樣評價自己：「將一半的時間用於做事情，將另外一半時間用於擔心自己所做的事情可能帶來的後果。」

第二十五章　焦慮的習慣

其實，現實生活中有很多這樣的人，這些人往往都會為他們的家庭帶來極大的煩惱。焦慮、遺憾、為過去無法挽回的事情流淚，這毫無意義。在焦慮的情緒中消耗時間，這樣的行為要比純粹將時間浪費掉更加糟糕，因為沒有比自我的心靈折磨更消耗個人精神能量的了。這會讓我們無法安然入睡，讓我們的性情變得乖戾，扭曲我們的判斷力，讓我們的心智變得軟弱與搖擺不定。

事實上，每一種形式的不安或者焦慮都會為我們帶來類似的結果。那就是浪費我們自身的能量，完全摧毀我們內心平和的心智。可以說，焦慮的情緒是影響每個家庭最重要的因素之一。一個養成了焦慮習慣的人必然會影響與他互動的所有人的情緒，因為心靈內不和諧的情感是很容易傳染的，其他人或多或少都會受到這種不和諧的憐憫情感或者自我譴責情感的侵害。

因此，焦慮這顆「種子」會不斷散布開來。譴責別人或者為他人的遭遇感到不幸，只會讓我們陷入另外一種錯誤當中，似乎我們真的犯了這樣的錯誤。這種具有傳染性的思想必須被我們扼殺在萌芽階段。當他人的心智處於一種不平靜狀態的時候，他們也絕對不應該為心靈存在的那些不和諧思想找任何的藉口，或者向這些不良思想所帶來的影響屈服。正如編織機的飛梭能夠不斷穿梭，思想也能夠從一個人身上轉移到另一個人身上。至於最後是編織出色彩豔麗還是色彩暗淡的衣料，就取決於我們在編織過程中所保持的心靈狀態。

對未來的焦慮與不安都是因為我們一開始就對未來感到不

確定或者疑惑，這最終會演變成一種邪惡的期望，讓我們覺得似乎很多永遠不可能發生的事情都有可能發生在我們身上。此時，我們應該察覺到這樣的苗頭，然後盡最大的努力將它扼殺在萌芽階段。舉個例子：一個朋友身在旅途，一個不經意的念頭潛入了他的心靈，讓他對自己是否能夠最終到達目的地以及安全返回產生了疑問。其實，當他產生了這樣一種思想的時候，就已經偏離了原先正確的軌道。這種不和諧的思想，不管一開始顯得多麼渺小，都應該被我們立即從心靈的世界裡毫無保留的趕走，正如我們必須要將手中的石頭拋掉一樣。我們最好在一開始就這樣做，而不應該任其氾濫，最後才想著要剷除這些思想，因為到了那個時候，將那些不和諧的思想趕出心智會是一件非常困難的事情。一開始就可以趁這些思想還處在萌芽階段就一勞永逸的將其剷除。如果我們不這樣做，疑惑的思想就會不斷地蔓延與膨脹，不和諧的思想也會得到相同程度的增長，最終我們感到的不適程度也會與之相對應。

也許，我們的心智會突然明白一點，那就是這樣的事情有時的確會出現。這樣的思想肯定會加深我們內心的不安，直到我們最後想像一些可怕的事情呈現在眼前，然後放任焦慮的情緒摧毀我們心靈的寧靜，讓我們的人生變得痛苦不堪。倘若我們對焦慮的人說，他們所看到的未來視野根本不是真實的，也無濟於事。也許，他們同樣意識到了這樣一個事實，但他們卻讓過去的事情不斷在腦海裡重演，直到這些事情變得像真的一樣。而他們在這個過程中所感受到的痛苦其實與任何傷害都是一樣的。

焦慮之所以是一種惡習，是因為它的確會為我們帶來惡劣的影響。一旦焦慮的習慣在我們的心底扎根，其產生的破壞力將超出我們的想像。到了那個時候，我們要想將其剷除，就會耗費極大的身心能量。此時要想透過自我說服或者心理暗示等方法改掉焦慮的習慣，往往會顯得力量過於單薄。當我們對那些焦慮的人說，在一百萬個旅行者當中，可能只有一位旅行者會在途中受到傷害，這樣的說法是完全不夠的。當我們說他們內心的恐懼感根本就是毫無根據的，完全是他們自己的想像，只是他們自討苦吃而已，這樣的說法也是毫無用處的。對於那些已經習慣了焦慮的人來說，別人的這番言論可能只會讓他們感到憤怒，而這反過來又會讓他們內心不和諧的思想不斷增長。最後，他們就會找出藉口，說自己根本控制不住焦慮的思想。

只有焦慮的人才能夠拯救他自己。只有當他透過自己的行為去解決焦慮的問題，才能夠擺脫焦慮的情緒為他的人生帶來的痛苦，以及防止自己對他人帶來痛苦，這樣的事情是其他人不能幫忙的。對焦慮的人而言，其他人的任何行為只有與他們想要擺脫焦慮思想的努力結合起來，才能夠對他們發揮一些作用。因為製造出這種不和諧思想的根源就是他們自身的思想，而在他們的思想之外，是根本不存在這樣的焦慮情緒的。所以歸根結柢，只有徹底改變他們的思想，才有可能徹底摧毀焦慮。

當然，這一切都不是一蹴而就的，也許需要很長一段時間，才能夠徹底完成。當不確定的思想首先進入他的心智時，

他就應該讓自己的思想朝著健康且和諧的方向前進，而不要讓不和諧的思想進入心靈，從而擺脫不確定與疑惑的思想所產生的沉重心理負擔。

他可能從來都沒有意識到焦慮的思想到底是怎樣潛入心靈的，也許一開始他認為這樣的思想是非常瑣碎的，根本不值得注意，所以就沒有努力擺脫它們。正是這樣的麻痺大意，釀成了之後的苦酒。所以，我們應該在這些思想剛剛冒出苗頭的時候，就努力剷除它們。只有當我們這樣做了，不確定或者疑惑的思想才無法在我們的心靈裡產生焦慮的思想。我們對未來可能會發生的事情感到焦慮，或者為過去無法挽回的事情感到悔恨，這其實都已經不重要了。重要的是，我們從一開始就確保自己始終走在正確的道路上，始終保持內心的平靜。

當焦慮的人認為無法擺脫這種焦慮的思想時，他們就會放棄進一步的努力，焦慮的習慣就會逐漸變得根深蒂固，讓他們完全停止擺脫的努力，最終成為焦慮思想的受害者，這就好比那些習慣了嗎啡或者酒精的人，最後發現自己根本無法擺脫這樣的習慣。自我憐憫的感覺之所以會在他們的心靈中產生，就是因為他們的「憐憫本性」讓他們感受到的痛苦比別人更強烈，而這一切只會隨著習慣的不斷加深變得更加強烈。心智的不和諧思想會在我們體內不斷產生一些有害物質，一旦其總量超出了身體自淨能力的範疇，我們就對這些有害物質無能為力了，最終就會演變出某種疾病。當此人最終離開人世，沒有人會將這種行為稱為自殺，但這樣的人其實就屬於自殺，他們被自己的焦慮思想殺死了。

　　焦慮要比艱苦的工作殺死的人更多。華盛頓用下面一句話非常清楚地說明了焦慮所帶來的後果。他說：「我認為，隨著歲月的流逝，任何形式的焦慮情緒都會消耗我們的精力，卻沒有產生任何結果，而身心的這些能量原本是可以用於更加高效的工作的。」當我們懷著平靜且和諧的心態去進行艱苦的工作時，這樣的工作是永遠都不會殺死一個人的。當我們內心感到平和、希望與歡愉，是有助於我們的身心系統、延長我們的壽命的，而不像焦慮那樣只會扼殺我們的生命。焦慮始終在毫無緣由的消耗我們的能量，如果我們不阻止這樣的情況，就是走在一條慢性自殺的道路上，這不僅讓我們失去了人生的歡樂，更會失去身邊許多親密的朋友。焦慮之人都非常清楚焦慮為他們內心帶來多麼痛苦的感覺，但在很多情況下，他們卻依然無法阻止這樣的焦慮思想影響自己的心態，沒有能力做出必要的努力去擺脫這樣的思想。

　　無論是什麼事情或者狀況讓焦慮的思想演變成為行動的，這兩者都像是兩塊看似相同但實質上不同的鵝卵石。對人來說，發生的事情無論怎麼說都是屬於外在的，而思想與思考本身則完全是屬於個人內在的東西。思考者可能沒有能力對自己加以控制，但他也不需要讓自己過分關心這些事情。如果他想要肯定自己，他應該有足夠的能力控制自己的思想，防止那些焦慮的情感進入自己的心靈。我們越早認識到這樣的事實，越能充分的理解外界發生的事情其實並不足以影響我們的內心，只有我們內心的想法才是真正能夠影響我們的東西。當我們徹底改變了自己的心態，就會發現原來做出改變不是一件那麼困

難的事情。每個人都應該對自身的思想保持絕對的控制力，因此，他必須要讓自己保持美好的思想，不讓發生的事情影響到原先的思想。他完全有能力將不和諧的思想趕出心靈，就像他將那些想要潛入他家的強盜或者狗趕出家門一樣。

如果我們用全面的眼光認真仔細的審視一下引起不和諧思想的環境，將自己嚴格限制在這樣的審視過程中，同時將所有不和諧的思想排除在心智之外，我們就會發現造成不和諧思想的原因，從而幫助自己在日後避免遭遇類似的情況。這樣一個過程能夠喚醒我們的心靈行動，有助於我們更好的面對外部的環境，這對於我們整個身體系統來說都是一件好事。因為這樣做能夠催生富有生命力的物質，而將那些有毒物質全部排出身體之外，這將帶給我們足夠的力量，更好的承擔自己要面對的每一個責任。一旦我們沿著正確的道路出發，我們在人生旅途中就可以發現到無限的潛能，從而更好的發揮自身的能量。

在這個擺脫焦慮思想的過程中，不需要我們改變原先的方法，除非我們所面臨的環境發生了變化，或者思想以及其時間限度發生了變化，我們需要據此進行調整。在所有的心靈狀態下，雖然焦慮之人可能會獲得他人的幫助，但是真正的努力必須要源於他們自身。這樣的心靈自律不可能很快就達成，也不是在一些無足輕重的情況下就可以進行鍛鍊的。一旦我們發現自己的疾病處於一種萌芽狀態，我們就應該毫不猶豫的運用自身的決心與精力進行治療。同樣，當疾病已經發展到某種嚴重的狀態時，我們也要用這些方法進行治療。這個時候，每個人都必須成為自己的醫生，將所有不和諧的思想全部斬斷，

不能再有絲毫的猶豫，然後不斷地重複這樣的過程，直到成為自己的主人。在這個過程中，我們絕對不能讓那些軟弱、自我沉淪的想法控制自己，認為自己無法徹底消滅焦慮的思想。相反，我們應該像趕走那些不受歡迎的人一樣，將不和諧的思想從心靈的「家」中趕走。我們應該在這個家門口掛上一塊顯眼的牌子，上面寫著：「遊手好閒者、乞丐、小偷不准入內。」除此之外，我們還必須要為趕走這些不受歡迎的人做好充分的準備。

這一開始可能會讓我們無比掙扎，也許需要我們勇敢的直接面對挫折，也許這是一場「七年之戰」──讓美國人最終擺脫了英國的殖民統治，成為一個自由獨立的國家。但這樣的努力是值得的，不論這個過程需要付出怎樣的代價。對那些將焦慮思想排除在心智之外並且摧毀這樣的心理習慣的人，這樣的改變對個人的重要性可能要勝過這場戰爭對國家的重要性。這意味著自由、舒適、幸福、健康與長壽。

這樣的訓練會讓我們增強抵禦焦慮思想的能力。當焦慮思想在下一次想要襲擊心靈的時候，我們就會產生這樣的心靈狀態，那就是所有不和諧的思想都不准進入心靈，這就好比所有焦慮思想都必須要被扼殺在萌芽階段。當這樣的知識與訓練方法為世人所感知的時候，他們就會將這個「令人憂鬱的魔鬼」趕走，不讓其折磨我們的想像力，不讓其折磨我們的心靈，這將讓世界少建許多家精神病院。

第二十六章　商業成功

將不和諧的思想趕出心靈，這對於我們獲得商業成功具有非常重要的現實意義。那些讓自己受制於失望、遺憾、悲傷、不安、焦慮或者自我譴責的人，都是不可能在商業領域獲得任何成就的。因為這樣的人總是在有意無意間，讓自己處於一種能夠摧毀他們得到正確結論的心靈狀態，讓他們始終無法高效的做好手頭的工作。因此，這樣的人其實是被自己的心靈狀態所控制，無法做一些對自身獲得成功有益的事情。可以說，這樣的人將絕大部分的能量都用於傷害自身的行為上。所有不和諧的思想都應該立即被我們趕出心靈的世界，而我們原本用於那些具有摧毀性思想的能量也應該用於富有創造性的工作。每個人都應該認真審視一下自身的心靈狀態，充分將心靈的能量調動起來，去實現我們的成功計畫，同時在這個過程中，不讓任何可能出現的失敗損耗我們的能量。每個人都可以透過之前的訓練，將所有這些不和諧的思想趕出心靈的世界。那些之前從未進行過這種訓練的人應該立即開始這樣的訓練。這一切都取決於我們自己的努力，而且這樣做永遠都不會太遲。

這就是一個二、三十歲的人與一個五十歲的人的區別。如果想要讓一個五十歲的人改變之前的心靈狀況，幾乎是不大可能的事情。而年輕人則對未來充滿了希望與自信，但是他們卻沒有足夠的人生經驗，對前路遇到的障礙還相對無知。所以，當他們遇到一些困難的時候，就會無所畏懼的迎接，勇敢的克

服。年紀大一些的人則因為已經體驗過了所有這些困難，所以
能夠預見未來還會遇到怎樣的障礙。但是，這些人有時會被這
些困難的程度嚇到，導致他們停滯不前，不敢繼續邁出前進的
腳步。可以說，這些人就是被內心的那些不和諧的心靈預期嚇
到了，從而不敢採取任何行動。除此之外，老年人相比於年輕
人來說，他們的一個優勢就是可以從豐富的人生經驗中汲取更
多的知識，人生的視野會更加寬闊。如果年輕人能夠將自身無
所畏懼的思想與老年人的睿智結合起來，他的前途幾乎是不可
限量的。如果老年人能夠將心靈中的疑惑或者猶豫全部趕走，
他也能夠充分運用自身的能量與智慧去解決前路上可能出現的
挫折。在思考如何克服未來障礙的時候，他可能會從過去失
敗的陰影中重新獲得輝煌的成功。這個世界可能會嘲笑那些無
知的年輕人所懷揣的自信，因為年輕人的心智沒有那麼多的顧
慮，但這本身就是年輕人獲得成功的一個重要原因。這個世界
可能會為那些老年人的心靈出現退化而哭泣，因為老年人看到
了許多挫折與失敗，但這些挫折與失敗讓他們對未來充滿了焦
慮的情緒。年輕人能夠透過自身和諧的思想克服那些無知的缺
陷，這是可以透過對危險的恐懼來進行調整的。而老年人雖然
具有比較高的智慧與能力，但是他們卻被心靈內不和諧的思想
影響了。

　　這就是為什麼很多有機會的自大之人通常能夠獲得成功，
而很多更有能力的人卻會失敗的一個重要原因。這些自大之人
所具有的自信能夠幫助他們產生一種強大的氣場，從而讓身邊
的人對他產生信心，相信他的計畫，他因此能夠得到人們更多

的幫助，從而獲得那些缺乏自信之人無法獲得的成功。通常來說，人們之所以能夠獲得成功，是因為受到自信的推動。而對那些心靈中缺乏和諧思想的人來說，缺乏自信以及自我譴責，無疑會將他們推得離成功越來越遠。很多能力更強的人之所以失敗，就是因為他們做事比較猶豫，內心始終充滿恐懼。這樣的心態從一開始就決定了他們是不可能獲得成功的。如果這兩種類型的思想是造成成功與失敗的主要原因，就是我們必須要注意的。這其中並不存在著什麼巫術或者神祕的地方，而完全是由這兩種不同思想所具有的屬性造成的。那些放棄了對自身思想控制的人，必然會成為疑惑、恐懼、猶豫等心態的受害者，這樣的人其實就是自己在尋找失敗。可以說，最後的失敗都是他們一手造成的。但是，對那些懷著勇敢之心，將這些不和諧思想全部趕出心靈的人來說，他們其實已經邁出了通向成功的重要一步。

那些讓自己沉湎於不和諧思想當中的人其實始終都在做同一類型的事情，只不過他們是在以不同的方式去做罷了。比方說，他們會做一些浪費時間的事情，用酒精等麻醉物質麻痺自己的感官神經。很多人都是這樣讓自己墮落為一個廢物的，讓自己成為朋友甚至自己的負擔，讓自己的名字成為人類史上的汙點。造成這一切的原因其實很簡單，就是讓那些不和諧的思想控制住自己的心靈世界。死亡與精神失常都能夠找到原因，不管這些原因是直接的還是間接的，其根源都可以從當事人所沉湎的思想中找到。

那些想找工作的人卻允許自己成為這些不和諧思想的受害

者，讓自己被打上失敗者的烙印，讓自己的行為被他人一眼就看出是失敗的，難怪公司不會僱用這樣的人。但是，如果他們能夠將這些不和諧的思想全部趕走，如果他們的心靈充滿希望，自信的感覺就會漸漸升起，他們就會相信自己是應該獲得成功的，也必然能夠獲得成功。只有當他們擁有了這樣的心態與姿態，他們才能夠端正自己的態度，讓自己得到徹底的改變。成功就會像他尋找成功一樣去尋找他。

據說，一個男孩進入一家公司，對老闆說那一塊寫著「招聘男孩」的標識語掉下來了。「嗯，」老闆說，「那你為什麼不將這塊標識語重新掛起來呢？」「因為你現在並不想要招聘其他的員工，我就是你想要的員工。」無論這個故事是真是假，這都說明了這個男孩的自信是源於將恐懼、疑惑的思想全部趕走。可見，自信就是獲得成功最重要的因素。

單純將不和諧的思想趕出心靈世界，還並不夠，因為這樣只能夠幫助我們解決一時的需求。我們還應該持續保持積極的心態，不斷接受心靈訓練，從而養成這樣的心靈習慣。任何人的心靈狀況都不可能一下就改變，但是每個人卻始終能夠讓自己的心智沿著正確的方向前進。只有當我們改變了自己的心靈狀況，我們的身體語言才會同樣做出回饋。除此之外，我們沒有其他的方式解決這樣的問題。

在任何人將正確且和諧的思想對獲得商業成功非常有幫助的說法斥為胡說八道之前，讓這樣的人認真審視一下他們自身的心靈習慣，然後按照自己處在不同心靈狀態下的情況做對比；讓他認真觀察一下工作效率最高的一天，看他是不是處

在最佳的心靈狀態下；一般來說，他都會發現，當自己的內心充滿愉悅與快樂的感受時，他的工作效率更高，工作效果也會更好。而當他的內心處在焦慮與疑惑狀態的時候，他的效率就會變得很低。難道當他反對這些說法的時候，就不希望自己每天都能擁有美好積極的心情嗎？難道他不需要自己始終保持和諧的心態嗎？如果每個人都對自己有所了解的話，就能夠看到自身的心靈態度產生的結果，那麼他將會意識到一點，那就是自己絕對不應該將更多的精力與能量消耗在那些不和諧的思想之上。

但是，如果在我們嚴格遵循心靈的控制狀態之後，這些不和諧思想出現了呢？對失敗者來說，這樣的心靈控制又有什麼好處呢？我要說，這就是失敗者們能夠獲得的好處：他依然能夠保持心靈的平靜，依然保持正確的判斷，依然懷抱勇氣，相信最終能夠獲得勝利的信念沒有動搖。他永遠都不會讓自己的神經或者身體出現崩潰的情況；相反，他始終都準備著踏上全新的征程，並從過去的錯誤中汲取更大的教益。

第二十七章　集中注意力

　　之前的章節有一點還沒有非常清楚地顯示，那就是始終保持集中的注意力對於我們獲得成功是非常重要的。當然，這對於保持我們的身心健康也是極其重要的。一位智者曾說：「專注於你的事情。」就是這個意思，雖然這樣說顯得有些高傲。但是，每個人都應該遵循這樣的建議，那就是始終將個人的注意力集中在手頭要做的事情上，只有這樣才能夠真正將事情做好。

　　如果一位會計讓自己的心緒始終到處遊蕩，他在進行數字計算時，就非常容易出現失誤，他計算的精確度就會大打折扣，從而對老闆和企業造成損失。他必須要將工作之外的其他想法都排除出去，一心專注於眼前的工作。也就是說，在某個時段裡，我們只能夠專心去做一件事情。將工作之外的其他思想全部趕出心靈的能力，能夠幫助我們將任何不和諧的思想趕出心靈的世界。因此，不斷訓練自己將不和諧的思想趕出心靈的做法，對於我們獲得成功是非常有幫助的。這可以幫助我們很好的將與手頭工作無關的事情放到一邊。

　　當一位會計正在進行計算的時候，也許他的老闆會來問他一個問題，從而影響了他原先的思路。但是他應該努力控制自己的思想，迅速將這樣的打斷所帶來的不良影響排除掉，讓自己專注於眼前的工作，不去想工作之外的事情。只有這樣，他才能夠更好的完成手中的工作。而當他完成了工作之後，就應

該將之前的那種心態完全放下來，更好的去做其他的事情。因此，我們每做一件事情，其實都需要我們將與這件事情沒有關係的思想排除在外。

要是我們將惱火、不耐煩、憤怒或者其他不和諧的思想排除在心靈世界之外，就始終能夠做到如此。一位會計在工作的時候，他的時間就是屬於他的老闆的，他所做的工作也是老闆需要他去做的。不管老闆讓他去做哪一項工作，他都應該努力做好。很多職員在面對這些情況的時候，都會習慣性的感到一種惱怒，認為老闆的行為影響了原先的工作狀態，降低了他的工作效率，摧毀了他的健康。這樣的心態造成很多人出現了神經崩潰的情況，讓他們覺得這是過度工作或者過度勞累所造成的。但事實並不是這樣。他們之所以要面對這樣的情形，就是因為他們在面對這個過程的時候，內心感到惱怒。其實，每一位員工在面對這些情況的時候，都是能夠避免遇到這些事情的。即使他們的老闆可能會前來打斷，也不應該成為自己的藉口。

很多人會說，無論從事什麼工作，都應該將這項工作做好。這句話顯然是沒錯的。但是，我們面臨的關鍵問題就是，雖然我們沒有忽視或者遺漏任何事情，但我們的心中始終都應該記住一點，那就是在某個時間範圍裡只應該做好一件事，而不要想著去做其他的事情。我們可以透過對心靈進行不斷的訓練，來獲得這樣一種能力。這種心靈訓練的方法也適用於所有工作者。

我們的注意力（注意力本身就是思考的一種表現方式）應

該集中在手頭正在做的事情上，而將其他與此無關的事情或者思想都排除在外。在此，我們要記住一點，即無論手頭的工作是比較簡單的還是複雜的，我們都應該一心一意的去做。如果我們面臨著比較複雜的問題，那麼就更應該持續的將注意力集中起來，將其他與此無關的思想都排除在外。當我們完成了一項工作之後，就應該立即將它放下。因為我們的心智需要將精力集中在接下來的事情上。所以說，每當我們按照計畫工作的時候，在做每個工作時，都應該努力將其他的工作放在一邊，先將手頭的工作完成再說。如果除了工作之外的其他思想進入我們的心靈，我們在工作的時候就有可能走神，或者完全忽視了自己要去做的事情。我們的心智是不可能同時做兩件事情的，因為倘若我們只是運用心智的某一部分能力的話，絕對不可能將事情做得很好。分散的注意力始終會造成我們工作效率低下，這一點是毋庸置疑的。無論是對心理或者生理層面的工作來說，這樣一個原則都是適用的，因為心靈的活動是人類所有活動的基礎，因此，這樣的原則對這兩者來說都是適用的。

　　無論是心靈層面還是身體層面，我們都應該更好的控制一些看似無足輕重的事情與思想，只有這樣，我們才有可能更好的處理那些更重要或者更宏觀的事情。這是因為身體的活動取決於我們的心靈狀態，並且心靈狀態是造成身體活動的關鍵原因。這樣的情況對所有人來說都是一樣的。無論是在哪一個階段，嚴格控制自身的思想都是極為重要且富有價值的。在人生早期進行這樣的訓練，對日後的人生會非常有好處，但是無論什麼時候這樣做，都不會太遲。

有時，一些幾乎無法察覺或者持續的思想潛流在湧動，慢慢的滲透到了我們的思想世界裡，分散了我們的注意力。這些思想可能會以上千種不同的形態呈現出來，可能是因為一些重要或者不那麼重要的事情引起的。其中的原因也沒有那麼明確，有時看上去甚至是毫無緣由的，但這些思想就是死死的占據著我們的心靈。通常來說，這種比較模糊、難以察覺的思想是很難從心靈的世界裡排除出去的，因為我們幾乎都察覺不到它們的存在。但是，這些思想的存在卻對我們形成了威脅，因為它們破壞了我們的注意力。這樣的思想就像一頭黑豹，始終站在某個陰暗的角落，隨時準備對我們發動進攻。當我們的心智完全專注於某項工作的時候，它就不會產生什麼重要影響，但卻會讓我們變得煩躁不安，影響我們的注意力。當然，這對我們的影響最後幾乎是沒有的。無論這些外來思想的侵入者是什麼，要想獲得成功，都必須將它們全部排除在心靈世界之外。

　　上面所提到的過程，可以稱為將注意力集中在手頭需要做的事情上。通常來說，這需要我們付出一些持續的心靈能量。正如上面所提到的那樣，要想將那些不和諧的思想全部排除在心靈世界之外，需要我們付出心靈的努力。只有將這些不和諧的思想全部趕走，我們才能夠全身心的將精力集中到手頭要做的事情上。雖然我們在這個過程中會感到一些壓力或者不適，但這是訓練過程中必然要面對的。只有當我們真正做到了，所有影響我們心靈的思想才會遠走，這就能讓我們以更好的狀態面對眼前的工作，挫敗所有的侵入思想，成功的完成眼前的工作。

第二十八章
早期訓練的重要性

　　孩子們接受早期教育的重要性是不言而喻的。因為人們已經意識到，早期教育對人的影響，是持續時間最長且最強烈的，對一個人未來的人生以及品格的形成都具有很大的影響。當代一位作家所說的話，與每一位觀察認真的人就此的論述是一致的，他說：「早期教育是非常重要的，這種教育是其他教育的基礎，是孩子們從小接受思想的重要管道。當他們坐在母親的膝上，他們所學到的思想將會影響他們的一生。」據說，一個重要的宗教組織曾這樣宣稱，如果能夠在孩子七歲之前對他們的人生進行正確的指引，接下來就不大需要擔心他們會走彎路。

　　所有人都已經意識到了之前章節所提出的思想所具有的價值，不管這是透過他們自身現實生活的體驗得到的，還是透過對他人的觀察得到的。他們已經認識到，如果他們能夠在人生早年就被灌輸這樣的思想，就可以避免許多痛苦、不安與挫折。當我們認識到早期教育的重要性，就會覺得，要是能夠重新回到小時候接受這些教育，那該多好。如果真能這樣，我們就不會失去人生那麼多的可能性。

　　那些想要遵循這些思想的人經常聽到有人這樣說：「要是在我還是孩子的時候，有人跟我這樣說就好了！」、「唉，如果

所有的孩子都接受這樣的教育就好了！這將拯救他們的人生，也將拯救我的人生。」直到現在，真正認識到早期教育重要性的人還並不多。當孩子們還躺在搖籃裡的時候，我們就該向他們灌輸這樣的思想。「當枝葉還處於生長階段，將其折彎是相當重要的。」早期教育就是折彎的過程，可見，在孩子們還處於成長的階段對他們進行教育，要比他們的心智定型之後再進行教育容易許多，產生的影響也更加深遠。

置身逆境忍受痛苦或者災難性的體驗，其實並不一定是我們的選擇。要是他們在小時候就接受這方面的教育，他們就可以對未來的這些事情有充足的心理準備，也能夠更好的去面對。孩子們並不需要因為害怕自己被燙到而遠離火爐，因為睿智的父母會告訴他們，只要他們離火爐有一段距離，就不會被燙到。與之類似，在孩子日後的成長歲月裡，他們也並不需要受制於那些錯誤思想所帶來的痛苦、疾病或者惡習，當然前提是他們接受了正確的早期教育。

很多母親在不知道這些原則的情況下，依然按照一些重要的基本原則教育孩子。比方說，當孩子哭泣的時候，她會將孩子的注意力轉移到其他的事情上，從而讓他們忘記哭泣這回事。這種透過外界事物產生的心理暗示來改變孩子思想的方法，其實和醫生將病人送到一個全新的環境中進行休養的方法如出一轍。環境的改變能夠讓我們的思想發生變化，很多人身體的虛弱都是透過這樣的方法治好的。可見，這些醫生使用的方法正是我們的母親所使用的。

當孩子置身於一些可能讓他們感到煩惱的環境或者心理暗

示當中時，我們唯一需要做的就是讓孩子轉變自己的想法。這需要我們不斷地讓孩子的心靈轉移到眼前發生的事情上，從而分散他們的注意力，不再去想造成心靈煩惱的原因，向他們展現出原來自己也是能夠在不受打擾的情況下去將其他事情做好的。這樣的教育其實就是培養孩子良好的性格，那就是自我控制，因為每當我們對孩子進行這樣的訓練，其實就是教育他們這樣一門藝術。這一方法的重要性及其優點，能夠幫助他們控制一些突然發生且讓他們無法理解的事情。我們要做的，就是保證孩子沿著正確的道路前進，同時尋求他們的合作。如果我們讓孩子沉湎在這樣的思想當中，從原則層面上看就是錯誤的，必然會引起孩子的反抗與不滿。前面的方法會幫助孩子轉移注意力，擺脫煩惱所帶來的不良影響，後面的方法則會讓孩子的心靈變得更加脆弱。

按照正確的原則給孩子實用的指引，只能在孩子已經認識到自己的思想之後進行。而孩子能夠認識到自己的思想的時間之早，超出了我們的想像。讓那些具有正常智慧的人回頭想一下，到底是什麼時候開始認識到自己能夠識別一些思想的？如果他之前從來沒有這樣做過，將會非常驚訝的發現，原來第一次記住體驗竟然是在自己那麼小的時候。睿智的父母能夠透過正確的暗示幫助孩子在更早的時候記住自己的思想。我們要求孩子不去做或者去做某件事情的時候，同樣能夠幫助他們不去想一些讓他們感到煩惱的事情，而去想一些積極的。如果我們在足夠早的時候就對孩子進行這樣的教育，我們在引導孩子不去形成某些思想與不去做出某些行為上，就會變得更加容易。

因此，在人生的最初期，最讓人感到愉悅的習慣是可以建立起來的，而這個習慣的建立是讓我們日後獲得極有價值的品格的重要基礎。

我們完全沒有必要將孩子所面對的狀況複雜化，不需要讓孩子一下子面對成年人要面對的事情，因為他們的心智尚未發育到那個程度。這樣的事情可以在日後慢慢來。孩子天生都會毫不猶豫的接受父母的教導，而這樣的教導則應該以最簡單的形式呈現給孩子。孩子的生活體驗會幫助他們認識到自己該做什麼。對他們來說，每一次體驗都會讓這樣的習慣變得更加牢固。

在孩子很小的時候，他們的觀察力就能夠專注於一些龐大且簡單的事實，那就是思想始終是走在第一位的，要不是思想的首先驅動，他們根本不會去做某些事情。這是一個重要的論述，看似非常簡單，卻是孩子們的理解能力所能夠掌握的。對這樣一個事實的認知能夠幫助父母更好的對孩子進行教育。知道了這樣一個事實之後，我們就需要培養孩子的道德品格，向他們解釋思想與行動之間的關係，這也應該是早期教育中比較重要的一個環節。當然，這是教育孩子過程中的一部分，因為我們還需要不斷地透過耐心反覆的教育、解釋，必要時透過一些例子去講解，才能夠讓孩子深刻的明白這些道理。無論是對孩子還是大人來說，任何形式的訓練都應該是透過言傳身教的方式來進行。不過，這樣的教育不應該在過早的時候開始，當然也不能以過於粗暴的方式進行。

在對孩子進行心靈訓練的時候，無論是父母還是老師，都

有很多工作可以做。事實上，對所有老師都是如此。但在我們為孩子打下牢固的基礎之前，不應該讓他們去接觸那些更為高深的知識。這樣的教育與訓練必須要在孩子們完全掌握了對心靈的控制，直到最後所有錯誤與不和諧的思想都從心靈世界裡趕出去之前。無論是對孩子還是成年人來說，這樣都是符合事實的。

這樣的訓練與教育是必需的，因為孩子們應該在更早的時候就接受這樣的教育與訓練。思考這樣的活動，本身就是人類所有活動中最初始的。這樣的思想行為幾乎在母親懷孕之後就開始形成了。觀察與實驗的結果說明了一點，那就是我們的基本論述是適用於其他方面的，雖然身體所做的改變有時很難真正執行。心靈本身的狀態就是高效的。身體有缺陷的情況對於那些並非殘疾的人來說，其實根本不會產生任何影響。中國人在過去很長一段時期讓女性纏足，但是女孩從出生之後，雙腳其實就能得到正常的發育。但是任何種族的人，其身體類型其實不大可能與他們的心靈品格有什麼關係。誠然，他們的身體特徵會隨著心靈狀態的改變而發生變化。古代希臘人因為牢牢堅守著他們母親灌輸給他們的心理習慣，而形成了對身體美感的看法。因此，透過對孩子們的思想進行塑造，能夠影響他們的身體發育，從而對整個民族產生影響。當然，希臘人的目標就是改變對美的形態的看法。如果我們能夠向孩子灌輸正確的心靈與道德品格，將產生多麼重要且富有價值的影響！

母親可以透過控制自身的思想，對尚未出生的孩子施加影響。在孩子出生不久的時候，是我們向孩子灌輸思想的重要機

會，因為此時就是為孩子打基礎的時候。但要想獲得成功，要依靠母親對自身心靈活動的控制能力。無論是父親還是母親，他們都需要以最好的方式將事情做好。因此，他們應該對心靈自律與自我控制有更加深入的了解。這意味著他們在此之前需要接受多年的訓練，也同樣意味著他們為自己的孩子從一開始就打下一個牢固的基礎，讓他們能夠在未來收穫更好的結果，獲得成功。同時還意味著這個國家能夠變得更加繁榮富強。

霍姆斯（Holmes）博士在看待這些事實的時候，發表了自己的觀點，那就是對孩子的訓練應該在孩子出生前的三百年就進行。他的這句話絕對不是危言聳聽。所以，每個年輕人都應該始終保持旺盛的精力，以高效的狀態投入心靈控制的訓練當中，因為這將讓他們為後代創造更好的環境，讓他們以更好的狀態迎接這個世界的挑戰。因此，他們進行這樣的訓練，不僅能夠讓自己受益，而且能夠為他們最親近的那些人帶來好處。霍爾校長就曾用非常簡單的語言對此進行概括，他說：「身體與靈魂的每一次體驗都是與遺傳息息相關的。每個人最好的人生往往意味著他們的孩子也能夠如此。」對每一位想要做到最好的人來說，事實都是如此。

透過進行心靈控制的訓練，每個人、每個種族或者每個國家都能夠得到極大的提升，這其中的價值是無法估量的。這個方法非常簡單，可以說任何人在任何地方都能夠做到。每一種這樣的正確的心靈活動，都能夠對他人乃至世界產生影響。

第二十九章
三個典型的例子

　　拿破崙擁有強大的心靈控制能力，讓他能夠隨意的將一些思想排除在心靈世界之外，而將注意力完全投入眼前的工作當中，彷彿他已經變成了另外一個人。

　　據說，拿破崙天生就是一位富有人性、慷慨大度以及具有憐憫之心的人。如果這是真實的，他必然是將這些美好的思想全部從自己的心靈世界裡趕出去了，因為他後來變得像鋼鐵一般冷酷無情。在他人生的某個階段，他似乎被某一種思想所控制，而在另一個階段，他似乎被另外一種思想所控制。誠然，他是一位多變的人，即使是自傳學家都無法解開他做出這些改變的原因，世人對此也無法理解。有時，他做出的改變是那麼徹底，甚至連他的追隨者都不敢確定到底哪一個才是真正的他。也許，他的每一次改變都是真實的，因為他自己的話語就能夠說明，這是他有意改變思想方式所帶來的結果，都是他按照所處環境以及自身的判斷而決定的。「他將自己的心智比喻為抽屜的格子，每一個主題的思想都占據著分離的空間。每當他打開一個格子的時候，另外的思想不會與此混淆。當所有的格子都關閉的時候，就是他入睡的時候。當然，這樣的比喻也不大真實。但在他人生巔峰的時候，這樣的情況幾乎就是人類大腦所能夠做到的一切了。」

在拿破崙的一生中，還有很多關於他完美的控制自身思想的例子。當他已經準備就緒，軍隊隨時投入作戰的時候，他能夠安然入睡，即使外面正在進行慘無人道的大屠殺，都不會影響到他的睡眠。他不斷地重複這樣的行為。在耶拿這個地方，他就是在戰場的後方呼呼大睡，絲毫不擔心自己會戰敗。在奧斯特里茲，當他經過長時間的部署之後，就在一間草屋裡，像一個嬰兒那樣睡覺了。可能只有像拿破崙這樣對心智具有如此控制力的人來說，才能夠做到這樣。雖然在他的人生裡，許多事情不值得讚揚與模仿，但是他的心靈控制能力確實讓世人稱道。他就是心靈控制方面最好的範例。要是所有人都能夠學習他的這種能力，必然能夠從中有所收穫。

莫利（Morley）在寫關於格萊斯頓（Gladstone）的傳記時，曾這樣寫道：「如果說格萊斯頓先生真的有一項比其他人更厲害的心理能力，就應該是他能夠讓心智將所有與眼前工作無關的思想全部排除在外，全身心的專注於眼前的工作。無論在任何時候、任何地方，他都能夠做到這一點。即使是在入睡的時候，他也能夠將所有關於工作的事情拋開，像嬰兒那樣入睡。」

在這本書裡，他引述了格萊斯頓的自述：「當然，我這一輩子也不容易。我必須要就很多極為重要的事情做出決定。每當我做出這些決定的時候，都會讓自己處於最佳狀態，保持極高的注意力。我會權衡各方面的利弊，然後下定決心去做我認為最正確的事情。在完成了這些工作之後，我就會將這些思想排除出去。作為首相，我必須要做許多演說，所以我必須要知

道該在什麼時候轉移自己的注意力。但在我做出一個決定或者
發表完一篇演說之後，我就開始感到憂慮，我對自己說：『也
許，我應該更加強調這樣一個事實或者觀點，或者我沒有就這
個問題進行更加充分的考量，或者我應該在演說中更強調這樣
的事實，或者在演說的措辭上使用更好的詞句，以便更好的吸
引我的聽眾。』如果我真的這樣做了，而不是在做完這些事情
之後將這些想法放在一邊的話，那麼我可能二十年前就進墳墓
了。」

　　雅各‧里斯（Jacob Riis）在講到一個關於羅斯福總統的故
事時這樣談道：「忘記與眼前工作無關的事情的能力，是羅斯
福總統獲得成功的一個重要原因，無論他身處什麼職位，都能
夠做到這一點。正是他擁有的這樣的能力，讓他將每一件事情
都能很圓滿的做好。很多人都在不同的場合講過羅斯福總統這
方面的故事。一次，羅斯福總統參觀一個學生的房間，拿起了
一本書，立即被這本書的內容所吸引。當他從閱讀的思緒中抽
身出來的時候，才懊悔自己的一個小時已經流逝掉了，於是趕
緊去做其他事情。在選舉副總統這種讓人興奮的時刻，羅斯福
總統單獨待在一個房間裡，閱讀修昔底德（Thucydides）的作
品。這是他當時身邊的人說的。當他休息的時候，他看見他拿
起一本書，一看就是一整天，幾乎忘記了世間所有的事情。」

第三十章　罪惡的懲罰

雖然將不和諧的思想排除在心靈世界之外，需要我們同時避免身體狀況出現任何不和諧的情況，但是我們絕對不能認為，那些罪惡之人透過這樣的方法，將心智世界裡的悲傷、悔恨、遺憾或者自我譴責趕出心靈，就能夠讓自己逃脫正義的懲罰。他的罪惡行為本身就代表著一種不和諧的行為，產生了不和諧的結果，所以他本人是絕對無法逃脫這些思想的折磨的。每一種不和諧的狀況都必然會產生一種結果，而將這些心靈狀況從心靈的世界排除在外的做法，並不能讓我們免於其他人為他們帶來的結果。事實上，如果一個人真的將遺憾的情感從心智裡排除出去，是可以避免這些情感所帶來的痛苦與遺憾的，但是這絕對不能削弱他的罪惡行為為自己帶來的痛苦。

有人說，為自己做出的某些罪惡行為所感到的痛苦，應該直接歸結為這些行為本身，因為要是沒有做出這些行為的話，他們也就不會感到痛苦了。這個假設看似正確，但每一種不和諧的思想都會為我們帶來懲罰。即使是具有美德之人在犯錯之後，都必然要遭受相應的懲罰，所以罪惡之人也是不能例外的。

舉個例子。一位正直的牧師可以說過著能夠作為他人榜樣的生活，但是他的生活與品格卻因為某個錯誤的思想而變得灰暗，因為他認為自己犯下了一些不可饒恕的罪行。他的懊悔之心與絕望感那麼強烈，一直伴隨著他進入墳墓。最後，他成為

自身幻覺的受害者，而這些幻覺的產生，在很大程度上又是自身不和諧的思想所造成的。我們是不是可以這樣說，他感受到的痛苦或者最後的死亡就是因為他自身的罪行所造成的，因為他並沒有做什麼傷天害理的事情，這一切都是因為他自身不和諧的思想造成的。

當然，不管是對那些有罪之人還是無辜之人，痛苦的感覺都可能是由悲傷、遺憾、懊悔或者類似的情感引起的，所以，我們必須盡量避免讓心靈置於這樣的狀態中，但是錯誤的思想卻能夠在我們稱之為罪惡的行為中出現，其中不和諧的思想本身就足以讓我們深受其害。不論產生這些不和諧思想的根源是什麼，我們都應該將這些思想徹底排除在心智的世界之外。不和諧的思想以及它所導致的行為本身就可以歸為一類，最後造成的結果也必然是與其屬性相當的。因此，雖然一個人可能將所有不和諧的思想以及行為都排除在心靈的世界之外，避免讓自己遭受這樣的結果，但是他卻依然可能因為自身罪惡的情感而深受其害，從而讓自己無法擺脫這樣的結果。

雖然這個人表面上展現出自身的健康與力量，但是他的錯誤思想最終必然會以行為的方式呈現出來。我們絕對不能對自我感到驕傲，認為自己能夠在心靈產生了一些邪惡、罪惡或不和諧的思想或者做出類似的行為之後，還能免於遭受不良的結果。這樣的事情是不可能出現的。只有當我們透過和諧的思想與純潔的行為去做事時，才有可能避免那些惡果的出現。任何一種違反心靈秩序的行為所要遭受的懲罰，都是無法避免的，因為他們心靈世界裡的思想是不和諧的，最終必然會讓他們做

出類似的行為。思想能夠讓我們做出某些行為，這是一個無法改變的事實。錯誤的思想不僅會逐漸蔓延，而且能夠讓我們深陷在這些錯誤當中，無法自拔。不用多久，我們就能夠感到這些錯誤所帶來的痛苦。可以說，所有的結果都是因為自身的心靈所造成的，這一點毋庸置疑。我們必須要將所有罪惡的思想與行為都排除掉，只有這樣，才能遠離所有的懲罰。將內心這些不和諧思想排除出去，並不是要讓我們消除所有的痕跡，而是讓我們不要沉浸在這樣的思想當中，因為若是這樣持續下去，最後必然會結出苦果。

　　我們所做的一切行為，都是無法重來的。我們所說的話，也是永遠無法收回的。閃過我們腦海的一切思想，都必然會在心靈的地圖上留下痕跡，就好像一道閃電劃過天際，然後消失不見了，但我們卻不能說這道閃電是不存在的。所以，我們的一切想法都必然會在當下或者未來表現出來。可以肯定的是，這些思想本身的屬性就決定了我們最後要面臨的後果。如果我們的思想屬性是正確的，我們就會收穫好的結果；如果我們的思想屬性是邪惡的，不好的結果必然是我們最後的歸宿。良好的結果取決於良好的思想，正如不好的結果取決於不好的思想。大自然是按照一種絕對公正的方式運轉的，能夠讓所有事物都決定自身的位置，不管這些事物本身是善意還是惡意的。世人可能始終都沒有看到某個人所做的一些行為，他最親密的朋友可能永遠都不會對他產生懷疑，但是他卻不能欺騙自己。有句話說得好，善有善報，惡有惡報。最後他也必將為自己所做的付出代價，這是無法逃脫的。

第三十章　罪惡的懲罰

　　無論是對世人，還是對他的敵人，或是對他最親密的人來說，他都不需要為此感到擔心。因為他必然會為自己的行為承擔所有後果。無論是面對朋友還是敵人，人們始終都會傾向於一種譴責的態度。但是，不管他們持有怎樣的觀點，他們的這種譴責行為都可能是不正確的，也是不智慧的。當然，其他人也不需要為這些人的行為沒有報應而感到不滿。那些沉浸在譴責情緒中的人可能對此沒有任何感覺，可能認為那些始作俑者應該承擔所有後果。但是，這樣的思想本身就是不和諧的，因為不和諧的思想所帶來的懲罰，終究會降臨到那些用批判態度指責他人的人身上。

　　即使那些享樂者或者謀殺者的行為始終都沒有被人發現，也逃脫了法律的制裁，但是他們也必然會為自己的行為付出相應的代價。雖然那些做錯事的人可能進行自我辯解，認為這樣做是正確的，或者因為某些錯誤的思想牢牢的控制了他的心靈，所以他認為自己做了一件非常正確的事情，但是他最終都需要為自己的行為付出代價。他最後必然要承受某些痛苦或者譴責，雖然很多不知內情的人對此無法理解，但是這些有罪之人都需要為他們曾經做過的事情付出代價，因為他們身上所有的優秀品格已經消失了。雖然他們遭受的痛苦可以被稱為輕度的懲罰，但是這樣的懲罰將是持久的。誰能夠衡量這些輕微懲罰對當事人所造成的影響與破壞呢？誰能夠說這樣的懲罰不夠嚴厲呢？

　　當一個人對他的兄弟犯下了罪行，他所遭受的懲罰也是相同類型的，因為這幾乎已經將原本屬於他的東西全部剝奪了，

讓他無法享受這些原本美好的事物。除此之外，他可能會失去所有的個人財產，或者被法律判處監禁，無法獲得自由。或者他遭受了最嚴厲的懲罰，失去了自己的生命。無論他遭受的是哪一種懲罰，都是對他的罪行的一種懲罰，誰能說這樣的懲罰不嚴厲呢？所以說，任何犯下罪行的人，都是必然要遭受懲罰的。天網恢恢，疏而不漏。其實，更嚴重的懲罰就是，這些罪惡之人因為自身的所作所為，讓自己的心靈與道德全部失去力量。他會發現自己就是一具行屍走肉 —— 因為他所有高尚與高貴的本能都喪失了。

在過去幾個世紀裡，對地獄的恐懼已經被人們視為一種對邪惡思想進行控制的有效手段。但是我們在這裡所說的懲罰卻是最肯定也最必然的一種存在。這樣的懲罰不會延遲到未來某個不確定的時間，有罪之人也沒有任何逃脫的辦法。因為在他們做出罪惡行為的那一刻，就已經決定了最後的結果。即使他們是因為罪惡思想的驅動才做出了這樣的行為，就好比一株植物的生長能力本身已經存在於種子裡。所以說，其中的因果關係從一開始就注定了。那些說謊的人，必須要說一大堆的謊言才能夠掩蓋一個謊言，所以他們永遠都會處於這樣一種害怕被他人拆穿的世界裡。因此，錯誤的思想就會變成對他們的一種折磨，這本身就是懲罰的一種形式，而這種形式的懲罰是更加嚴重的一種。在每個不同的例子裡，最後懲罰的結果必然是與原因相對應的。因此，懲罰的力度也必然與罪惡的程度成正比。自然法則的正義天平始終都保持在一種絕對平衡的狀態上。這就好比地心引力，地球上的萬物都受其支配。誠然，錯

誤就是道德的地心引力，但是這並不能阻擋滾石從高處掉下來，因為這樣的行為本身就是一個無底洞。當人做出了錯誤的行為，自然有其必然歸宿，這一切可以說都是命中注定且不可改變的。原則的東西是永遠都不會改變的，因果關係也是永遠不會改變與動搖的。

　　這看上去是一個悖論，因為很多人做了壞事之後，都逃脫了他們應該接受的懲罰，這似乎就已經違背了這樣一個永恆的原則。但事實上，他們並沒有逃脫自己應該接受的懲罰。世人可以原諒一些人的罪惡行為，但是只有當這些人真正發自內心的在行為、言論與思想方面徹底拋棄了邪惡的東西，才有可能實現。如果他們始終堅持那些罪惡的思想與行為，其實就是不斷地堅持原先的那個原因，最終的結果也是不可逆轉且必然出現的。因為正是一些原因才造成了一些結果，如果這些原因從一開始就沒有出現，那麼也就不會出現什麼結果了。如果我們從一開始就沒有播下薊草的種子，就根本不會長出薊草。即使我們播下了薊草的種子，並且薊草已經長起來了，如果我們將其連根拔起，徹底消滅的話，薊草也不會對莊稼造成太大的影響。

第三十一章
一個故事及其教訓

　　將不和諧的思想徹底趕出心智的世界，無論是在社交還是處理個人關係的層面上，都具有重要的價值。這是一種柔和的能力，卻能夠為我們帶來極大的幫助。

　　無論我們對此是否熟知，都能夠始終在心智的世界裡喚醒類似的情感，從而填充我們的心靈。一個人表現出的憤怒情緒可能會傳遞到他人身上，而一個人表現出的愛意也可能會激發他人的愛意。恐懼只能讓人收穫恐懼，自信則能讓人獲得自信。一個人所表現出的愉悅情感能夠讓他所處的空間都充滿這樣的情感。如果他能夠堅持這樣的情感，愉悅的感覺就會充滿他所在的區域。即使是那些陳腔濫調的好話或者人們經常說的勵志話語，所產生的影響也超乎人們的想像。

　　意圖本身並不能控制自己讓人留下怎樣的印象，因為我們在執行的過程中，自身的品格與實現的方法之間可能出現差異，從而產生與自身想要的不大一樣的結果。除此之外，我們的內心可能還有某些更為強大的主導思想，這樣的主導思想可能與我們的這些意圖存在差異。單純擁有一些積極的想法，如果這些想法無法得到思考者本人的支持與配合，必然會影響到我們讓他人所留下的印象。而我們的思想越是真誠與積極，這些思想所產生的效果就會越好，我們所得到的結果也會更加明

確。這並不需要我們從一開始就擁有想要讓他人留下好印象的意圖。只有當我們內心真的存在著一些美好的思想時，我們才有可能讓他人留下美好的印象。

一位波士頓公立學校的老師有一位助理，幫助他推展工作。這兩位原本不認識的人在每天的上課時間裡形成了親密的工作關係。很快，他們就發現一點，那就是如果其中一個人發表了一個觀點，那麼另外一個人就會對此感到不滿或者惱怒。心靈出現的這種不安或者惱怒必然會讓他們表現出某種程度的憤怒，雖然他們都寧願稱其為討論。當他們每天都這樣做的時候，似乎每一天都變得陰沉起來。在經過認真的思考之後，這位老師決定避免讓自己因為這樣的情況而出現心靈的惱怒。他下定決心，要停止思考任何不和諧的思想或者憤怒的思想，不管這些思想看上去是多麼的微不足道。

就在這位老師下定決心之後沒多久，這位助手就說了一些讓他感到惱怒的話。當他面對這些話所帶來的情緒時，他只是坐在椅子上，努力的將心靈中這些不和諧思想全部趕走。當他進行這些努力的時候，並沒有想著用任何方式去影響自己的助手。事實上，他也根本沒有想過要這樣做。他努力改變自己想法的做法，將所有不和諧的思想趕出心智的行為，最終讓他擺脫了惱怒的情緒。畢竟，只有他才能夠讓自己做到這一點。

這位老師發現，要想持久的保持這樣的心靈狀態，需要做出更多的努力，耗費比他之前所想更多的時間。但是這只能夠堅定他要改變自己的決心。過了一陣子，他就體驗到這樣做所帶來的快樂。他內心的不和諧想法全部消失了，和諧的思想牢

牢的占據著他的心智世界。之後，他就經常在工作過程中感到愉悅。和諧的心態填充了他的心靈，他為自己能夠戰勝那些不和諧的思想而感到無比驕傲與高興。

他坐在椅子上的時間要比平常更長一些，從而讓自己能夠更好的保持這樣的心靈狀態，讓自己能夠抵禦所有不和諧的思想，確保自己能夠享受到當前的滿足感所帶來的樂趣。最後，當他收穫了這樣美好的結果時，自己也感到無比驚訝。他的助手也坐在他的旁邊，用相當柔和的方式握著他的手，然後用相當柔和的語調對他說話，詢問他一些課堂上發生的事情，這是之前從未出現過的。可見，這位助手的心靈也同樣將這些不和諧的思想從心靈的世界裡排除出去了。他們兩人之間的分歧已經彌合了。

這看似是一件不起眼的事情，但透露出來的意義卻是非常重要的。因為這件事情清晰的展現了心靈活動的重要原則始終都在運行，並且能夠幫助我們與他人建立更好的關係。當我們經過不懈的努力，將不和諧的思想趕出心靈世界，讓和諧的思想占據心靈的時候，我們就能夠更好的控制自己的心靈，讓自己改變與他人相處的方式。就上面那個例子來說，那位老師在面對分歧的時候，首先是從改變自身的思想開始，正是他做出了改變，從而影響到了他的助手的想法，最終消除了這樣的分歧。當老師與助手都能夠保持和諧的思想時，他們的關係就會變得更加親密。一旦他們都養成了這樣的思維習慣，他們就不再需要故意為之耗費什麼努力，會自然而然的做出這樣的行為。將不和諧的想法從心靈的世界裡趕出去，讓和諧與積極的

思想進入我們的心靈世界，也是一樣的道理。

古時有句話，吵架需要兩個人才能吵起來，這句話沒有錯。同理，要想發怒，至少也要兩個人以上。如果某人處於憤怒的情緒當中，他就會將自身這種不和諧的思想爆發出來，可以說他已經沒有耐心對這樣的情緒加以控制。然而，這樣的情緒必然會影響到其他人，從而對他人造成不良影響。可見，我們必須要將這些憤怒的情緒趕出心靈的世界，讓這樣的情緒沒有持續燃燒的「燃料」，讓其自行熄滅。

在上面提到的那位老師與助手的例子裡，可以肯定的是，二人心中一開始都存在著某些不和諧的思想，也許一開始只是其中某個人有這樣的不和諧思想，但是這樣的思想會傳染到另一個人心中，並隨著時間的流逝而逐漸增強。而當他們開始讓自己的心靈中出現積極和諧的思想之後，不和諧的思想就會逐漸消失，直到最後從他們的心靈世界裡徹底消失。

上面的例子說明了一點，那就是我們在面對所有誤解或者爭吵的時候，都可以採用這樣的方法去面對。能夠對自己所處環境有著清晰認識的人應該立即做出改變，始終保持平和的內心，將所有不和諧的思想全部趕出心靈世界，專注於眼前的工作，不去理會他人的話或者追究到底是什麼事情產生了這種不和諧的思想。做到了這一點，我們就能夠保持和諧的心態，而這樣的心態必然會影響到其他人。在這個過程中，我們所要做的就是等待。等待會幫助我們自然的將剩餘的事情做好。「只有那些耐得住寂寞，擁有足夠耐心的人，才能夠獲得最終的勝利！」特別是在面對上面所提到的例子，我們更應該在等待的

過程中始終保持正確的心靈狀態。

除非我們能夠以自然的方式將這樣的和諧思想傳播出去，否則與他人和解的效果就會大打折扣。通常來說，那些本意良好的人往往都不會獲得最好的效果。在這些情況下，對自身心智進行完美的控制，才能夠讓我們獲得最終的成功。這並不意味著當我們發現了他人做了錯誤的行為時，我們就絕對不能對他說出這樣的事實。但是，即使當我們這樣做的時候，也要記住，最好不要激起犯錯之人內心的不和諧思想。一個人心中的不和諧思想會傳染給其他人，即使是我對某件事情所產生的幻覺，都有可能喚醒人們內心的不和諧思想。

我們應該特別指出一點，那就是在上面所提到的例子當中，那位老師之所以進行自我改變，並不是為了讓那位助手留下很好的印象，也不是為了幫助那位助手做得更好。所以說，我們去這樣做的原始態度是最為重要的。為了他人而提升自身的素養，是值得讚許的，但是當我們為了改變某個人的缺點而這樣做的時候，就不值得讚揚了。因此，只有當我們不是為了他人而是為了自己這樣做的時候，才能夠產生積極的效果。因為每個人都必須獨自面對自我 —— 除非他人請求我們給予幫助，否則我們就不應該對此進行干預。

當兩個人都感到憤怒的時候，可能是因為其中一個人的話或者行為激怒了另外一個人，從而讓他對此感到憤怒。除非其中一個人能夠保持對自身情緒的完美控制，否則這樣的憤怒情緒是很難消除的。即使過了一段時間，所謂的「憤怒情緒已經消失」的話，也很值得我們懷疑。誠然，很多人在試圖解

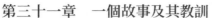

決社會問題時，通常會犯下這樣的錯誤：每個人都傾向於指責他人，試圖糾正他人存在的錯誤，或者將注意力投入到糾正他人的錯誤之上。某些人想要透過改變他人而阻止一場爭論的做法，十有八九是行不通的，特別是對那些受制於不和諧思想的人，因為這些不和諧的思想本身就會讓他們做出不和諧的行為。

愛比克泰德就曾非常睿智的說：「無論他人如何對我，我始終以正確的方式對他。因為我只能做好我自己，而他人的做法則是我無力改變的。」行為與思想是緊密相連在一起的，這樣的法則其實也適用於人與人之間的互動。這樣一句充滿哲學意味的格言應該能夠對我們有所啟發。無論別人做了多麼正確的事情，都不可能讓我們所做的錯誤之事變得正確。因為錯誤永遠不可能變成正確的，無論置身於任何環境，這都是不可改變的事實。

當那位老師將心靈中的不和諧思想趕走之後，他會發現，那位助手身上也沒有了那些不和諧的思想。要是他從一開始就試圖幫助那位助手糾正他身上的缺點，那麼兩人之間的分歧永遠都無法彌合。雖然助手的行為是按照這位老師的指導去做的，但是他的思想卻沒有與這位老師走在一起。只有當我們真心接受了他人所持的思想，才會認同他們的行為。所以說，改變歸根結柢是屬於自己的責任。

事實上，正如之前的章節所提到的原則，這個世界上的每個人能改變的只有自己，而改變他的人也只有他自己。無論他人給予我們多少心理暗示，最本質的改變還是自我的改變，因

為一個人自身的思想所進行的思考都是一種具有因果關係的能量。他人請求我們的幫助，這樣的情形不能排除在外，當然禁止將所有美好的情感或者兄弟之愛傳播出去也包括在內。誠然，最基本的原則需要我們做到這一點，因為其他人的心智可能並未處於一種和諧的狀態中，但是我們的工作畢竟也只是屬於自己的工作。當人的雙眼釋放出光芒的時候，他就能夠清晰的看到兄弟眼中的塵埃。但在移除這種光芒的時候，他可能也要將塵埃掃出去。只有在這之後，他的兄弟才能夠看到他那雙清澈透明、沒有蒙塵的眼睛。

第三十二章
關於契約的故事

　　有一個人自稱史密斯，我們不知道他的真名，他只在與一位木匠簽署建造房屋的合約上寫著這個名字。當房子建到一半的時候，木匠走過來對史密斯說，他最近手頭比較緊，要是能夠立即拿到建造房屋的全款的話，將極大的緩解他所面臨的經濟壓力。事實上，按照合約的要求，木匠只有在將房子全部建好之後才能收到全款。但是，史密斯還是從銀行領出錢來，將全款給了他。之後的一段時間裡，建造房屋的事情進展得非常順利，直到房屋差不多建好的時候，木匠卻不做了，而是去做其他的事情，這讓史密斯感到極為苦惱。

　　幾個星期過去了，那位木匠依然沒有回來建造房子。於是，史密斯就去找這位木匠，詢問他什麼時候才能夠將房子建好。木匠回答說，自己該做的工作已經全部做好了，並說自己現在非常忙，沒有時間談論這件事情。史密斯對他的回答感到無比氣憤，但他經過思考之後，決定運用他的老師之前教他的一套訓練方法。他將自己的憤怒情緒以及想要責備這位木匠的話語都忍住沒有說，將心靈世界裡所有不和諧的思想全部趕走，讓自己能夠在一種和諧的心靈狀態下看待他與木匠之間的合約。他發現自己在履行合約方面沒有任何問題，而且還給了木匠不少幫助，但是木匠卻跑去做其他事情，這樣的行為讓他

陷入了困境，而這位木匠對此竟不以為然。當他見到這位木匠的時候，就看到他臉上青筋暴露，表情像鋼鐵一樣堅硬。但即使如此，史密斯都沒有讓木匠所表現出來的情緒喚醒他內心的不滿，而是始終讓自己處於一種和諧的心靈狀態中。接下來，他們開始談論房屋建造尚未完成的工作，在不到十分鐘的時間裡，在史密斯尚未提出要求的情況下，這位木匠就答應回去將房子建好。史密斯對木匠說，他可以派其他人去完成，但是木匠堅持自己去完成。這位木匠回去將房子建好了，並且還額外的做了一些修補的工作。這些工作都是木匠懷著愉悅的心情去做的，並且他還拒絕了收取額外的費用。

在這個例子裡，史密斯成功的控制住了自己的心靈活動，將心靈中所有不和諧的思想都趕出心靈的世界，最終獲得了成功。正如之前談到的關於那位老師的例子，情況幾乎也是如此。史密斯並沒有想過透過這樣的方法向木匠施加什麼影響，只是希望首先能夠讓自己處於這樣一種心靈狀態中。在這個過程中，沒有哪一方的利益受到了攻擊或者影響。他們彼此也沒有任何需要隱藏或者私底下做的事情。當然，這個過程也不會讓人產生反感。史密斯對那位木匠產生影響的原因，就是他能夠在一種公正、面對面的開放式談話中做到的：他讓自己始終處於一種和諧的心靈狀態中，然後說出自己想要說的話。最終獲得的結果也是讓他滿意的。這樣的做法要比任何強迫的行為都好。誠然，如果史密斯透過強迫的手段逼迫木匠去做事，在這個過程中必然會伴隨著爭吵與責備，而這只能加劇木匠的不滿情緒，讓他不可能懷著愉悅的心情去工作。在這個例子裡，

如果憤怒的情緒占據了他們的心靈，他們可能要打一場昂貴的官司，即使史密斯贏了，對於解決建造房屋的問題的幫助可能也不是太大。相反，史密斯採取了這樣的方式去面對，使得雙方都節省了金錢與時間，還避免了雙方出現敵對的情緒。在爭論當中，最重要的就是當事的一方要將心中的不和諧思想全部趕走，這才是解決問題最重要的一個環節。

也許，一些人可能會說，在那樣的情況下，自己沒有足夠的能力像史密斯那樣保持克制。這也是事實。但是，每個人都可以在一些不那麼重要的場合下這樣做。如果他在面對不順心的事情時，採取的辦法就是將那些不和諧的思想全部趕出心靈世界，他很快就會發現，自己能夠在一些更重要的事情上做到這一點。正如之前的例子說明了一點，那就是只有當雙方都懷著和諧的思想去做事時，才有可能將事情做好。其實在生活當中，每一件事情都能夠為我們帶來一些教益與道理。如果每個人都能夠做到這一點，我們的社群就會發生變化，每個人在工作上也能夠獲得更大的成就。

上面所提到的原則同樣適用於財產方面出現糾紛的問題。一塊土地的擁有者說柵欄劃分出來的位置是不正確的，應該馬上移除柵欄，但這樣做卻又可能侵犯鄰居的利益。憤怒的情緒與不和諧的思想馬上就會在雙方的心靈中產生。最後，他們陷入了一場長達數年的官司。每個人都宣稱自己擁有對這塊土地的所有權，並且都拿出了一些所謂的強有力的證據。這場爭論最後變得曠日持久，直到最後一方對此感到無比厭倦，將屬於自己的那一份土地出售，從而擺脫這樣的糾纏。

購買這塊土地的買家剛好不是脾氣火爆的人，他知道無論自己怎麼做，對方都有可能感到不滿，他也不想繼續這樣的官司。他的行為就展現出了智慧。首先，他抓住了一個很好的機會，向對方闡述了自己的觀點，然後詢問對方，到底應該怎樣用柵欄劃分。對方非常仔細的說出了自己的看法。當他們商定好之後，那位買家就說：「如果你願意將柵欄搬到那個地方，我願意出一半的費用。」對方感到無比驚訝。他遇到了一位心靈和諧之人。最後，柵欄還是留在原先的那個地方，官司也被撤銷了，這兩人還成了朋友。

這就是不抵抗所具有的能量。當我們處於一種和諧的心靈狀態，爭吵幾乎可以說是無從談起的。

第三十三章　借據的故事

　　一位紳士向一位寡婦借了五百美元，並且寫下了借條。沒過多久，寡婦的大兒子就陷入了麻煩，有可能因此被捕入獄。這位紳士知道這件事情之後，發現這位年輕人的確做錯了事，但他是無心的。原來是那些詭計多端的人想要利用這個年輕人的無知，讓他去幫助他們做一些非法的事情。這位紳士以恰當的方式運用自己的影響力，幫助這位年輕人解了圍，讓他有機會重新做人。這位年輕人在經歷這次教訓之後，受到了警示，之後就正經做人了。沒過多久，寡婦的第二個兒子又遇到了一個很嚴重的問題，這位紳士同樣幫助他擺脫了困境。與此同時，紳士一直沒有還錢給那位寡婦，因為那個時候他還沒有足夠的錢。雖然紳士沒有說出口，但是他認為自己幫了這位寡婦不少忙，應該能夠抵消這筆債務。

　　幾年之後，寡婦去世了。這筆債務必須有個解決的辦法。這位紳士希望寡婦的兩個兒子 —— 同時也是他的朋友，能夠與法院就這件事情進行陳述。但是，寡婦的女婿卻負責起關於債務的事情。此人在商界做得不錯，但是為人卻極為苛刻。他絕口不提消除這筆債務的事情，這讓這位紳士陷入極為被動的局面，因為現在離還錢的最後期限已經非常近了。剛開始的時候，他還以為他們會讓這件事情就此過去。直到有一天，一位官員來到他工作的地方，要求他還一千美元。此時，繼續延遲還錢已經變得不可能了。他必須努力解決這件事情。他所面

臨的問題是：「該怎樣解決這個問題？」這位紳士決定控制好自己的情緒，不讓那些不和諧的思想影響自己對這件事情的看法，做到對事不對人。在思考的過程中，他也注意到了自己的疏忽是造成這件事情的主要原因。

在最後期限到來的幾天前，他前去找那位寡婦的女婿，跟他談了關於借據的問題。對於這位女婿所提的問題，紳士都給予了坦誠的回答。他說自己是懷著友好的信念寫下的那張借據，而且簽名的人也是他。他在那個時候借了錢，就寫下了借據，而他到現在都還沒有還錢，甚至連利息都沒有還。當然，他將事情的前因後果都說出來，會讓自己處於一個極其不利的局面。接著，他說自己認為那位寡婦的兩個兒子都是理智之人，所以他們應該會用正確的方式解決這件事情，而不是採用法律的途徑去解決。在這個過程中，紳士始終保持著和諧的心態，將事情的前後一五一十的說出來，然後進行詳盡的討論。最後，他們兩人在友好的氣氛下談論了半個小時，在這期間，紳士並沒有做出任何的要求或者想要施加什麼影響。最後，這位女婿說：「這件事情就這樣圓滿的解決吧。」他並沒有要求紳士歸還那筆錢。

將不和諧思想全部趕出心靈世界，在現實生活中產生了最為直接的影響，甚至是在商界交易的過程中，保持和諧的心態都能夠幫助我們做得更好。而要想做到這些，我們就需要按照所提的原則進行訓練並加以保持。

第三十四章
關於這些故事的討論

　　上面的例子都是最真實的，它們從現實生活的角度闡述了無論是在社交還是商業事務中，對自我的思想控制有多麼重要。這些例子同時還說明了一點，那就是保持和諧的心靈狀態能夠對我們有多麼大的幫助。始終保持和諧的心靈狀態其實是解決問題最重要的辦法，無論是以直接還是間接的方式，都能夠很好的解決我們所面臨的問題，讓我們更好的對他人施加影響。這些例子說明了和諧的心靈狀態是具有一種力量的，雖然很多人都沒有認識到這樣一種力量，但這種力量卻始終都存在著。這些例子還說明了，為什麼很多人付出了那麼多的努力，最終卻失敗了，甚至讓原先付出的努力付諸東流。這種力量源於我們對心靈狀態的控制，讓我們能夠擁有一種正確的心靈狀態。一旦這種心靈狀態建立並得到保持，我們就能夠獲得積極的結果。

　　要想真正有效的影響他人，我們必須追隨自我。要是做不到這一點，任何努力都將是徒勞的。在上面所提到的兩個例子裡，我們可以看到，無論是那位老師還是史密斯，他們在解決問題的時候，都沒有想到過改變自己心靈狀態的努力會影響到他人，他們這樣做的本意也不是為了影響他人的心智或者行為。在上面的例子裡，我們都可以看到他們進行了坦率、開放

且面對面的交流。如果我們採取其他的方式去做，可能就會引起彼此之間的反感，這就偏離了我們原先設定的理想目標，就好比在合法的經濟交易中進行黑箱作業。

很多人距離從心理層面上影響他人，讓他們處於正常心靈狀態的努力只差一步，但如果沒有這樣的知識與理解，他們就有可能走在錯誤的道路上。畢竟，誰能說自己所持的觀點就一定是正確的？或者說，誰能夠說自己的觀點對他人來說就是絕對具有價值或者最好的？難道每個人不應該成為決定自己事情的主宰者嗎？特別是在很多睿智之人進行最真誠且認真的談話時言語也經常出現自我矛盾的情況下，我們又怎麼能夠認為自己就一定是正確的呢？如果他人沒有將自己的願望說出來，我們又怎麼知道他人到底想要些什麼呢？要是我們想著透過暗中的手段去影響他人，其實就是想要控制他們的思想。在很多情況下，這種隱祕的行為都是為了達成某些目標而執行的。但在很多時候，這樣的行為都需要我們用真誠的態度去說服別人，展現出自己的善意。只有這樣，我們的行為才是正確與公正的，甚至是值得讚揚的。有人曾寫下這樣一段睿智的話：當自我在搖擺的平衡中搖晃時，很難進行正確的調整。印度的一些暴徒不僅相信自己勒死受害者的行為是正確的，而且還發自內心的相信一點，那就是他這樣做是出於宗教責任，所以他將受害者勒死，其實對受害者本人來說也是非常有好處的。他這樣說的時候的真誠態度，可能與絕大多數基督徒在認為自己給予他人幫助時的想法差不多，或者說，這些基督徒認為那些暴徒的所作所為是錯誤的，但他們在面對這些事情的時候所持的態

度都是真誠的。還有很多想要暗中對他人施加心靈影響的人，他們在這樣做的時候態度也是極為真誠的。他們自認為做了正確的事情，但並不能保證這些事情就一定是正確的。正確的就是正確的，不管他人對此持怎樣的看法。不管一個人對錯誤的看法持多麼坦誠的態度，都不能讓錯誤的看法變得正確起來。

還有一件事情是需要我們注意且必須去做的，那就是讓我們的心智保持在一種有序的狀態中。當我們知道了什麼是正確的時候，就應該按照正確的方向去做，將心中原先的想法都放下來，努力遵循著正確的原則前進。當然，在這個過程中，我們必須記住，即使我們將這些不和諧的思想排除在心靈世界之外，也不能將透過坦誠開放的態度來解決分歧的想法排除出去。

上面這些例子說明錯誤的想法的確存在於人類業已接受的思想當中，而我們對這些錯誤的認知則能夠很好的幫助我們實現心靈的自我控制。

首先，我們要控制的一點，就是每個人都擁有將自身的錯誤或者失敗歸咎於他人或者環境的想法。這就好比發生在伊甸園裡的夏娃與亞當的故事 —— 亞當將自己所犯的錯誤歸咎於夏娃，夏娃則將自己的錯誤歸咎於蛇（當然，蛇無法為自己辯護）—— 即使是在人類最初的階段，就開始使用藉口為自己的錯誤開脫了。但即使是這樣的藉口或者說辭，也永遠無法扭轉每個人找藉口為自身錯誤開脫的行為。

通常來說，當人們意識到自己無法改變一些事情的時候，他們就不會選擇冒犯別人也要這樣做，給出的藉口足以讓一般

人的心靈保持緘默。比方說，很多人都會以天氣惡劣作為藉口不去赴約，或者以其他的任何事情作為藉口，而不管這些藉口是瑣碎的還是重要的，但這些藉口都足以構成很好的理由，從而為他們的失敗或者任何失誤遮羞。即使是他們的一些反悔行為，都可以找到很好的藉口。雖然他們所做的事情是錯誤的，但是每個人都已經習慣於找藉口為自己開脫。絕大多數人都習慣了這樣的做法，他們找許多藉口來擺脫自己製造的困難局面，從而讓自己免於遭受良心的譴責。

　　幾乎在任何情況下，都是心靈的狀態決定了我們的行為，每個人都應該為自身的心靈狀態負責。在外部環境與我們的行為之間，始終存在的是我們自身的思想。正是自身的思想，而不是外部環境或者狀況，最終決定了我們該做出怎樣的行為。如果夏娃關於那棵蘋果樹以及樹上果實的想法產生了變化，如果她對與此相關的問題得出了不同的結論，她就會做出完全不一樣的行為。相同的情況對於亞當也是如此。真正起決定性作用的並不是蛇或者那棵蘋果樹的存在 —— 雖然這些事物在這件事情的發展過程中產生了一定的作用 —— 但真正做出最終心靈結論的，真正決定他們行為的，還是他們的心靈活動。因為只有他們自己才能夠做出心靈結論，其他人都無法做到這一點。因此，只有他們可以為自己的行為負責。無論對於夏娃還是亞當，還是對於所有人來說，事實都是如此。無論關於亞當與夏娃的故事是可信的歷史還是只是傳說，這個例子都極清楚地展現了人性中普遍存在的弱點。

　　對於上面提到的那位寫下借據的紳士，他在面對那種情況

時，有可能遭遇官司糾紛。史密斯與那位木匠也面臨著相同的情況。要是史密斯與那位紳士都未能控制自身的思想，他們可能會說：「我對眼前出現的這些問題無須負責，這都是由他人造成的。」但在上面這兩個例子裡，我們可以看到他們都在努力的為自己負責，因為他們自己完全有能力扭轉事情發展的方向，從而避免各自可能遭遇的災難。每個人都會為自己做出的正確行為所獲得的結果得到讚賞。在一個相同的基礎之上，如果他因為錯誤的思想而讓事情變得更加困難，並由此造成了不良的影響，他又能逃避得了他人的指責嗎？

這就需要我們認真思考第二個被人們廣泛誤解的觀點，還讓我們對這種錯誤的觀點所造成的錯誤行為有一番了解。

絕大多數人都會滿懷熱情的想要改變這個世界，但他們卻從來都沒有想過改變自己。每個人都覺得別人應該怎樣做，並且盡自己最大的努力幫助別人去這樣做，因為他們認同過去那些友好的教友派信徒的教條：「除了你與我之外，其他人都是古怪的，而你也是有點古怪的。」在社會的各個方面，我們都可以看到這些改革家想辦法避免任何會對人類產生影響的邪惡行為。我們建立了完整的政府體系，有法院和監獄將那些犯人限制在狹小的活動空間內，讓他們無法出去做壞事，強迫他們去做好事。所有這些途徑與手段顯然都能有所收效，至少對於教育者本人來說會有幫助，而其背後的動機看上去也是非常「高尚」的。

事實上，任何人都無法改變他人，但是每個人都可以改變自己。透過這樣的改變，他可以影響其他人，從而讓他們做出

改變。這樣的改變歸根結柢是屬於自己的工作，只能由自我來完成。當然，在這個過程中，人們可能得到他人明智的建議或者友好的幫助與鼓勵，從而協助自己以多樣的方式做到自我改變。但即使如此，最本質與最重要的工作還是需要我們靠自己的努力去完成。這是因為思想本身就是最基本的工作，要是沒有了自身的思想，我們什麼事都做不了。我們不能代替他人去思考，就好比我們不能用他人的眼睛去觀察這個世界。

之前例子所提到的老師完全可以責備那位助手的行為，但是他沒有這樣做，因為那樣只會得到一個結果：激怒那位助手，讓他原本已經煩躁的情緒變得更加惱怒。這位老師只是想著如何去改變自己的心靈狀況，最後卻成功影響到了那位助手對此的看法，從而讓他實現了自我改變。

之前提到的那位木匠肯定是做錯的一方，因為他沒有按照合約的要求完成自己需要做的工作，所以他必然需要改正自己的錯誤。要是那位房子的主人走法律程序要求這位木匠完成他的工作，本匠也不得不這樣做，但是這樣根本無法為這位木匠帶來任何有意義的改變。要是採取強迫的方式讓木匠去完成工作，他根本不會對自己的行為進行反省，只會對房子的主人感到更加惱怒，讓他在心靈與道德層面上都處於更加糟糕的狀態。

在借據那個例子裡，我們同樣可以看到，要是透過法律途徑，那位紳士可能也不需要支付那筆債務。但如果真的這樣做，必然會激起各方的不滿，也許還會對那位紳士帶來嚴重的傷害。最後，我們可以看到，在紳士讓自己始終保持和諧的心

靈狀態後，獲得的效果是非常好的。

　　無論是在這些例子還是在生活中的許多情況下，這樣的事實都是清晰可見的，那就是不管我們是否有意為之，我們沒有表達出來的思想都會影響那些與我們接觸的人，這會讓我們用全新的眼光去看待思想的自我控制，也能夠在我們和其他人相處的時候產生更大的價值。馬克斯‧繆勒（Max Müller）就曾說：「對我來說，唯一能夠產生什麼影響的東西，就是我所思考的東西、我所知道的東西以及我所相信的東西。」

　　這其中就包含著正確生活所具有的重要影響力。正如之前的例子已經清楚地表明了一點，那就是我們所過的生活，其實就是我們自身思想的一種表現。良好的思想就像太陽那樣發出光芒，照在他人身上，這一切都是自然而然的，不需要我們刻意為之。因此，耶穌基督才會這樣說：「讓你身上的光芒閃耀吧！」他並沒有說：「讓自己發出光芒吧！」他的意思是，讓你身上的光芒自然而然的閃耀出來，只要你身上還有這樣的光芒，那麼誰也阻擋不了。他人的建議或者幫助在這個過程中經常產生阻礙的作用。那些最優秀的人都是努力做自己的人。不管是對牧師還是俗人，衡量一個人所具有的影響力的標準，其實都可以從他是怎樣的一個人而不是他所說的話來判斷。也許，他在做某件事情的時候根本就沒有意識到這一點。

　　這也解釋了耶穌基督具有那麼廣泛影響的原因，他不僅教導人們要過正確的生活，他自己也是這樣做的。除此之外，他始終都保持著正確的思想，這也是最重要的原因。我們應該效仿他的做法，努力讓自己保持正確的思想，這樣我們也會逐漸

變得具有影響力。

　　長久以來，人們一直認為，每個人都有權利按照自己的習慣去想一些事情，但這樣的觀點其實是不對的。從某種意義上說，一個人的思想在說出口之後，就並不單純是屬於他自己的了。我們都知道每個說話的人都可能說一些祝福他人或者詛咒他人的話，而要想收回這些說出去的話是不可能的。對我們的思想而言也是如此。每個人都不應該說出一些錯誤的話，也不應該讓自己的心靈世界存在錯誤的思想。

　　就事實而言，每一種思想，不管這些思想的屬性是什麼，都會產生一些明確的結果，這樣的結果往往是不以我們的意志為轉移的。但是，我們可以透過對思想的控制來改變一些結果。「每一種關於疾病的思想，每一種關於恐懼、自我懷疑或者陰鬱未來的想像，都會像傳染病那樣不斷蔓延，讓其他人的生活變得壓抑。每一種仇恨的情感都會對那些謀殺者的行為產生真切的影響力。每一個嚴苛的評判都會讓人感到嚴重的傷害。每一種自我懷疑或者絕望的想法都會讓其他人難以承受肩上的重擔，讓他們無法相信未來能夠變得更好。」

　　沒錯，任何一幅畫都會有陰影的部分，但我們不應該將其過分誇大。毋庸置疑，每個人都應該為自己的言行負責。同理，他也應該為自己造成這些言行的思想負責。他應該以更加小心謹慎的方式去控制自己的思想，這甚至要比控制自身的行為更加重要。一幅畫同樣有其光明的一面。要是我們想要真正控制自身的行為，就應該從一開始控制我們的思想，因為這是更加容易的做法。更好的方法就是，我們應該沿著正確的方向

去控制這些思想。在完成了這些步驟之後，最後的結果必然是可控的，人們再也不需要對此過分關注了，因為只要他的心靈是沿著正確的方向前進的，他基本上不會有大麻煩。

第三十五章　敏感

敏感其實代表著一種心靈傾向，這樣的傾向會讓我們很容易受到外界事物、發生的事情或者某種狀況的影響。當我們說某人很敏感的時候，其實就是說此人天生情感比較細膩，很容易受到外界的影響，外界發生的一點細微變化都會讓他的心理情感發生改變。通常來說，雖然敏感這樣的心靈傾向很容易受到世人的誤解與譴責，但卻是上帝賜給人類最重要的一種情感。正是視覺神經的高度敏感，才讓我們能夠用雙眼清晰的觀察這個世界。如果我們的視覺神經在敏感方面存在缺陷，就會讓我們的視線出現模糊，如果視覺神經對外界事物完全沒有了敏感的感知能力，我們就會說這個人已經雙目失明了。視覺神經對事物的敏感程度越高，就說明我們越能夠清晰的觀察事物，並對此有深刻的理解。如果我們只是按照正常的方式對此加以運用，就需要我們用正確的思想進行指引。對每一種感知能力來說，都是如此。

如果我們想要獲得更為廣泛且深入的認知或者知識，缺乏這樣的敏感能力是絕對不行的，這將讓我們無法獲得更大的成就。關於構成天才的因素，世人進行了諸多討論，其中一個絕對不能排除的因素，就是這些人高度敏感，這些人所表現出來的敏感通常決定了他們的天才程度。

正是這樣的敏感，讓音樂家能夠從一般人所無法感知的聲音中聽到了音樂的曲調。這樣的敏感讓他能夠獲得極為關鍵的

資訊，從而將一些在別人看來不可能抓住的音符寫下來。這其中的差異就在於他們對聲音的敏感程度上存在差別。當他們在指揮交響樂或者合唱團的時候，他們能夠非常清楚地知道存在著哪些不足或者需要改進哪裡，而一些外行的人可能還覺得這已經是一場完美無缺的音樂會了。敏銳的觀察力對於樂隊指揮來說是一種不可或缺的能力。

從另一方面看，也有一些人經常因為某些不和諧的思想而出現發狂的情況，他們甚至將自己感受到的痛苦視為一種自我優越的表現。他們在無意之中激起了同伴身上一些相似的不良心態，這樣的惱怒心態就是他們自身思想的一種結果，而思考的過程其實與敏感處在截然不同的層面上。當他們將不和諧的思想趕出心靈的世界，他們就可以將這些不和諧思想所造成的不安與焦慮都排除出去。在這樣做的過程中，他們可能依然能夠感受到生活的愉悅。如果我們能夠對雙耳進行正確的訓練，讓其能夠發現音符中出現的哪怕一丁點不完美的地方，那麼在我們以正確的方式對思想進行控制的時候，是絕對不會為這些不完美的地方而感到痛苦的。我們的耳朵對聲音越敏感，我們就能感到越多的樂趣，因為心智能夠更好的感知音樂所帶來的細膩美感，讓人沉浸其中，感受到一種無盡的力量。

擺在我們眼前的問題是，心智是應該專注於音樂中某個音符存在的不足，從而將音樂本身的美感全部排除在心智世界之外，還是將那些不足排除出去，以便更好的享受音樂帶來的美感？每個人都可以按照自己的意願做出決定。如果他選擇專注於那些不足的地方，那麼他對音樂的不滿意程度，就會與自身

思想的屬性和強烈程度成正比。如果他專注於音樂中的那些和諧旋律，那麼他就能夠感受到更多和諧的地方。無論是在面對痛苦還是愉悅的時候，敏感的性情都不過是受我們控制的一個僕人而已。如果我們的思想能夠保持在一種正確的狀態中，敏感就將為我們帶來極大的幫助。這樣的狀況不僅存在於音樂的層面，幾乎在我們面對每一種情形的時候，都是如此。

　　心理學家曾說，在一開始，我們無法理解很多資訊所傳遞出來的意義，但隨著自身經驗的不斷豐富，我們就可以毫不費力的理解這些資訊所傳遞的意義，因為我們的感官神經能夠自然而然的向我們傳遞這些意義。每個人天生都應該接受充分的教育，增強自身的感官能力，這樣的教育對我們來說是極其重要的。在面對各種形態呈現出來的敏感時，我們也應該這樣做，這其中就包括所有控制我們一時的微妙或者難以理解的功能。

　　當兩個人初次見面的時候，他們可能會對對方形成第一印象，這樣的印象通常都是透過眼觀、耳聞或者握手產生的。透過這些交流與感知的途徑，每個人都會對他人有所了解，發現到一些感知能力沒有展現出來的情況。每個人都會產生許多這樣的感知，這些感知的方向也是非常廣泛的，但它們都具有相似的屬性。透過進行對比、分析、組合或者審視，我們就能持續增強對這些事情的認知。在這一過程中，我們需要做的就是不斷提升自己的感知能力。

　　與敏感這種性情共同存在的一個最重要因素，可以說就是源於這樣一個事實，即心靈的態度通常會因為不和諧的思想而

出現扭曲，從而讓我們無法真正的對事情加以理解。當我們面對一些無法完全理解的事情時，通常都會讓恐懼的情感將我們牢牢的控制住，然後在黑暗的角落裡尋找邪惡的東西。這是我們絕對應該努力避免的。我們應該面向光明，只有這樣才能透過各種途徑去感知這些資訊所具有的真實內容。一些人會將這些透過感知得出的資訊視為一種「警告」。如果恐懼潛入了我們的心靈，必然會產生不和諧的思想，因此，那些錯誤的個人認知，通常都是因為恐懼的情感作用於整個人的身體系統，從而為我們帶來了不良的影響。敏感之人經常會遭遇這樣的結果，因為他們要比一般人遭受更多的傷害 —— 不是因為那些所謂的「警告」而造成的，而是他們自身不和諧思想的強度不斷增強所導致的。

我們應該非常清楚地了解到，那些通常認為敏感所造成的痛苦，其實並不是源於敏感或者我們對此的感知 —— 不管我們對此有什麼感知 —— 而完全是源於我們自身的不和諧思想。因為自身缺乏足夠的心靈控制能力，所以才讓這些不和諧的思想進入我們心靈的世界當中。敏感與思想這兩者有完全不同的屬性，因為痛苦是源於不和諧的思想，而不是源於敏感本身，所以那些最為敏感的人完全可以對自己進行心靈的訓練，將所有不和諧的思想全部趕出心靈的世界，從而避免遭受那些錯誤思想所帶來的不良傷害。在這個過程中，我們不能將痛苦歸結為敏感。與此同時，我們必須要充分保持和諧的心靈，只有這樣，才能夠讓我們對事情有正確的看法。

雖然敏感的性情本身絕對不是一種邪惡或者劣勢，但成千

上萬的人都經常對此加以譴責，他們之所以對此譴責，是因為其他人也喜歡這樣做。很多人在做出了錯誤的行為之後，都喜歡找這樣的藉口去為自己或者他人開脫，說這是由自己或者他人過分敏感所造成的。還有不少人依然使用同樣一個理由，認為自己不應該為犯下的錯誤承擔責任。這些人的做法都是完全錯誤的。一位博士就這個話題發表過睿智的言論，他說：「認為對神經的過分興奮是造成疾病的說法，是無比荒謬的。任何神經組織都不可能處於一種過分興奮的狀態。感到興奮是神經本身所具有的功能。正是因為神經能夠處於一種興奮狀態，賽馬才與公驢形成鮮明的對比。我們的神經越容易處於興奮狀態，就說明我們人類的進化越是高級。」

如果一個人能夠進行自我控制，那麼他越是敏感，就越能夠從這樣的敏感性情中有所收穫。當他對自身的思想進行恰當的培養，就可以不斷地增強自己的這些優勢。即使是某些看上去可能會引起疾病的極端情形，也沒有例外。因為疾病是我們自身思想的結果，而不是敏感所造成的。我們將所有造成疾病的思想都趕出心靈，疾病就不會發生了，在這個過程中，敏感的程度絲毫不受影響。沿著正確的方向對思想進行控制，是非常重要的。因為其他感知所產生的不和諧思想是需要被我們立即趕出心靈世界的，只有這樣，我們才能夠讓積極和諧的思想進入心靈。很多敏感之人其實是因為自身的恐懼，才表現出持續的猶豫行為，這阻擋著他們不敢去做一些重要的事情，從而影響他們的工作效率，反過來又讓原本已經不堪重負的心靈增添了更多的不和諧思想。恐懼並不屬於敏感的範疇，雖然恐

懼的結果通常會被認為與敏感存在關聯。當雙眼看到了一個陌生的物體，我們應該將所有想要研究這個物體的恐懼感都消除掉。當我們透過全新的感知管道去獲得對某些事物的認識的時候，正是應該繼續這樣做。

當我們那雙敏銳的眼睛能夠比其他人看得更加清楚，知道前方可能存在更多障礙的時候，不會有人說我們有這樣一雙敏銳的眼睛是一件壞事。在這種情況下，我們應該認真研究可能遇到的障礙，從而為自己擁有這樣的洞察力感到驕傲，因為這將為我們帶來更多的歡樂與優勢。所以，每個具有敏銳洞察力的人都應該首先祝賀一下自己，因為他應該為自己擁有這樣的能力而感恩。

天生強壯的馬能夠從牠敏銳的感知能力中收穫良多，這也能夠讓牠去做其他馬所做不到的事情。如果這匹馬落在一位毫無經驗的騎師手中，他就可能輕易的毀掉這匹良馬；但如果落在一位訓練有素的騎師手上，這匹馬就可能在賽馬場上創造奇蹟。如果賽馬本身出現了什麼狀況，應該責備的是騎師，而不是賽馬。對於人來說，道理也是如此。很多人所面臨的困難，就在於他們缺乏足夠的智慧，不能以恰當的方式進行自我控制。他們讓自己的心智變得混亂，讓各種不和諧的思想進入心靈的世界，從而毀掉了自己的生活，讓身邊的人也為此感到不安。在這之後，他們又將自己的錯誤歸結為敏感的性情。

任何人都不應該錯誤的將敏感視為造成自私、嫉妒、羨慕或者自大的原因，因為敏感與這些特質是沒有任何關聯的。某人總是會因為一些自我臆想出來的場景而感到「受傷」，這可

能因為他缺乏足夠的洞察力以及注意力，於是他就將敏感視為造成這一切的幕後原因。但他真正應該做的，是用正確的眼光去看待嫉妒與自愛 —— 而不是自尊 —— 正是嫉妒等思想，摧毀了他的人生幸福。

　　敏感的性情被很多人貶斥為摧毀了很多人生活的罪魁禍首，認為誰都無法衡量敏感為這個世界帶來的災難。但是，我們需要明白的是，並不是敏感的性情造成了這一切，而是當事人放任不和諧與錯誤的思想在心靈中不斷蔓延，最後才導致了惡果。之前一直被詛咒的敏感性情，其實對人類來說是一大祝福。每個人應該做的就是消除不和諧的思想，將自己從受害者的角色中解放出來，讓自己成為一位勝利者，為自己能夠擁有敏感的性情而感到驕傲與自豪。我們應該明智的使用敏感，就像利用任何一種優勢那樣，從而不斷地提升自身的素養並幫助他人。如此，敏感將會變成一位無價的僕人。

第三十六章　憐憫

在當今時代，很多人都會讚揚憐憫這種特質。為了對這個話題進行更加準確的討論，我們非常有必要對憐憫一詞所蘊含的意義進行研究，以便更好的了解其中所需要的要素。從字面的意思來看，憐憫一詞的意思就是我們應該對他人感同身受，其中就包括我們應該對他人感受到的情感或者情緒有所了解，不管他們是感到愉悅還是痛苦。我們所持的這種敏感的洞察力可以幫助我們更好的理解他人所處的狀況，無論是從生理、情感還是心靈層面上來看，我們都需要這樣的洞察力去認知，否則根本無法實現這些目標。這並不只包括外在的事情以及周圍所處的環境。我們不僅要有足夠的能力去審視周圍的環境，而且還要有足夠的能力，以更加準確的目光去看待他人所處的環境以及經驗。換言之，我們要站在他人的立場上看待問題，用他們的觀點看待事情。所有具有價值的憐憫情感，從一開始就取決於我們敏銳的洞察力，以及能夠讓我們清楚看到他人所處位置的能力。在這個過程中，我們必須始終保持心靈的自我控制能力，只有這樣，才能夠避免任何不和諧的思想與情感進入我們的心靈，影響我們的正常生活。

接著，在我們對事情的狀況有了深入的了解之後，就會產生一系列的心靈活動。無論面對的是什麼事情，這兩種活動──對狀況的察覺活動以及取代這種活動的思想，就構成了這些活動的兩個最基本的元素。我們必須確保心靈的活動能

夠沿著正確的方向前進，因為我們對事情狀況的感知必須處於正確的方向上，正是這樣的心靈活動造成了我們的行為，它可以對我們加以指引，讓我們將事情做得更好。而錯誤的思想必然會讓我們做出錯誤的行為，最終讓我們痛苦不堪。

要是我們讓自己對事情的認知扭曲了自身的想法，或者讓自己盲目的陷入其中，就是完全錯誤的做法，因為我們對這些事情的看法可能根本無法幫助到他人。誠然，這是生活本身最重要的目標之一，不管其是否會影響或者傷害到我們的工作效率，因為如果我們沿著錯誤的方向前進，那麼我們必然會犯下錯誤，對自己與別人造成傷害。

當我們看到一團火的時候，就會自然的意識到火會燒傷人，這樣的想法能夠迅速進入我們的心靈，從而讓我們遠離這團火。同樣的道理，當我們在面對痛苦的情感時，也應該這樣做，那就是將這些痛苦的情感趕出心靈的世界。這就是憐憫的本義。憐憫需要我們意識到自己所處的環境，讓我們的心靈活動能夠始終追隨意識的腳步，而生理層面上的情感則受制於這些心靈活動的影響。所有這些活動都可能是自發出現的，其強烈的程度足以讓我們的身體產生類似的活動。比方說，一位母親看到自己孩子的手上出現傷口，她的憐憫心可能就會氾濫起來，最後彷彿看到自己的手上也出現了類似的傷口，雖然這一切只是她自己的想法而已。這種憐憫的想法是具有毀滅性影響的，因為這是在她看到那一幕之後，讓心靈做出這樣的想法與判斷的。同樣的道理也可以在一位主治醫生的例子中得到展現。如果他放任恐懼的思想控制自己，那麼這樣的恐懼思想就

會傳染到病人身上。如果他在對病人進行手術的時候，讓不良的思想填充心靈，他在準備做手術的時候，其實已經不適合繼續做下去了，因為他所處的心靈狀態必然會讓他對病人帶來災難性的後果。

這絕對不是危言聳聽。很多人都可以在學習騎車的例子中，感受到這樣一個普遍性的道理。要是某人在練習騎車的時候，總是覺得自己可能會摔倒或者撞到別人，那麼他必然會遇到這樣的情況，即使他已經為此付出了極大的努力。

相似的心靈活動在很多這樣的情形下都可以看到。通常來說，憐憫之人會讓自己的心智處於痛苦、不和諧或者危險的狀態，而將其他所有美好積極的想法都趕走，從而達到讓自己與被憐憫者相似的心靈狀態。其實，這樣做是完全錯誤的，因為這完全摧毀了他幫助被憐憫者的能力。很多人認為這樣做才是憐憫的真正本意，而那些不能做到這些行為的人則是冷血與缺乏憐憫心的。也就是說，他們認為我們必須要與那些哭泣的人一起哭泣，與那些悲傷的人一起悲傷，與那些憤怒的人一起憤怒，或者與那些絕望的人一起絕望，總之，這些不和諧思想的名單還有很長。不幸的是，很多痛苦之人只有在他們得到了這樣一種扭曲且有害的憐憫情感之後，才會感到無比滿足。

這其實是一個嚴重的錯誤認知，因為它代表著一種不和諧的思想時，他們所付出的也是一種不和諧的憐憫情感，這種情感與其他所有不和諧的情感一樣，始終會對我們帶來傷害。除此之外，心智對心智所產生的影響是潛移默化的，當一方存在著不和諧的思想時，另一方也很容易受此影響。

為什麼那些睿智的醫生會歡迎某些拜訪者去問候病人，而拒絕另一些拜訪者呢？這是因為一些拜訪者能夠為病人帶來真正的憐憫，讓他們忘記自身的痛苦，讓他們能夠懷著愉悅的心情走上康復的道路，重新燃起他們心中的希望。而另一些拜訪者則總是說著一些憐憫他們的話語，一臉悲傷的模樣——這是最低等的憐憫，因為這就像一張溼漉漉的毛毯，讓人感到壓抑。受人歡迎的拜訪者其實並沒想要去憐憫病人，他對病人所處的環境有著深刻的洞察力，但是他絕對不允許那些不和諧的思想進入自己的心靈中。他對痛苦者的遭遇表現出善意與情感，但是卻不會讓痛苦者所感受到的痛苦影響到自己的生活。這才是正確的憐憫。這是人類所能夠給予的最好的憐憫情感，而不是像很多人說的那樣，是最糟糕的憐憫。這樣的行為將有助於病人的恢復，而不是為他們帶來傷害。

　　我們已經就憐憫與痛苦之間的關係做過闡述，但這只是憐憫的一種表現形式而已。從更寬泛的層面看，我們可以看到憐憫的情感其實觸及了人類所有的行為，包括鼓勵、激勵、刺激人們前進，讓我們將失敗變為成功，將錯誤變為正確。無所畏懼的強者所表現出來的憐憫，能夠讓很多心靈軟弱之人變得更加堅強，讓那些絕望之人能夠跨越憐憫之橋，重獲希望與勇氣。

　　無論是在家裡、學校、辦公室還是社交生活場所，或是在任何地方，真正的憐憫情感都能夠為我們帶來和諧的情感，增強我們的幸福感受。但是，我們需要注意的是，只有正確運用憐憫情感才能夠產生這樣的作用，因為情感層面上的憐憫往往

第三十六章　憐憫

是不受理智控制的，所以缺乏足夠的辨別力，這就像是一件樂器奏出很糟糕的聲音，只會讓人感到不安與煩躁。

這種類型的憐憫情感能夠從敏感中找到其根源，我們正確的加以使用的話，就是人與人之間成為朋友的重要紐帶，讓我們可以與他人形成良好的關係，做到人人為我、我為人人。要是我們不正確的使用，那麼這個世界不過就是每個人疊加之後的一個整體，缺乏足夠的連貫性，就像是海邊的散沙一堆。

人性的展現取決於我們的憐憫之心，但這應該以低調的方式持續的展現出來。也許當我們第一次看到某人時，就會感受到一種平和與力量。當我們聽到一個聲音時，就會讓我們的內心產生和諧的感覺。當那些內心充盈著愛意的人向他人展現這種憐憫情感的時候，誰能夠估量這種憐憫情感所產生的影響呢？

有人說，除了愛，憐憫是人類心靈中最為神聖的情感。其實，我們應該這樣說，真正的憐憫是一種始終都能夠為人帶來幫助的愛意。這種情感無論是在思想、言語或者行為上都是純潔的，始終都能夠提升我們，增強我們的力量。在面對這種充滿愛意的憐憫時，我們始終都不能要求太多。我們應該大力宣導這種真正的憐憫情感，因為這種情感最後結出來的果實都是美好的。真正的憐憫已經幫助成千上萬人重新回到健康幸福的生活，而那些不是出於愛意的憐憫情感，則必然會被恐懼以及各種邪惡的想法所占據，只能夠為我們創造出毀滅性的情感，這讓許多人最後走向了毀滅與死亡。

第三十七章 心理暗示

如果我們對人與人之間的關係中存在的元素進行分析的話，就可以發現一些微妙的元素，以及一些明顯的心理暗示，會對人們的關係產生很重要的作用，而這樣的影響幾乎是具有普遍性的。當我們聽到一位朋友發自內心的大笑，或者因為悲傷而愁眉苦臉的時候，即使是面對一位陌生人，我們都會做出與他們類似的表現。在這個過程中，我們一般都會忽視到底是什麼原因造成了人們發出笑聲或者流下眼淚，我們之所以會跟著朋友們做出這樣的反應，其實在很大程度上，都是因為他們所表現出來的外在行為。這樣的情況不僅能夠透過行為、言語或者臉部的表情表現出來，而且能夠透過沒有表達出來的思想呈現出來。在一個房間裡，某人下意識的打了一個哈欠，那麼接下來房間裡的其他人也會無意識的打起哈欠來。這個例子就可以反駁很多人宣稱心理暗示毫無影響的言論。即使是那些心態最平和或者自控能力最強的人，也往往無法擺脫心理暗示所帶來的影響。

當我們對某件事情舉棋不定，處於猶豫的狀態時，其他人帶給我們的心理暗示通常都會成為一個轉捩點，影響我們做出決定。當人們知道了自己該往哪個方向前進的時候，往往都會陷入一種進退維谷的狀態，此時他們通常需要從他人那裡獲得這樣的心理暗示。這些場合出現的頻率幾乎超出了很多人的想像，因為在很多情況下，我們都沒有留意到這些事情的發生。

很多人根本沒有意識到自己所處的心理狀態，會讓他們更容易受到他人的影響與控制，甚至有可能讓他們完全臣服於他人的思想。他們認為自己在形成某個結論的時候，發揮了自己的判斷力，其實他們始終都在尋找他人所給予的心理暗示，而這些心理暗示又影響著他們如何做出決定。即使當他們的確自己做出了最後的決定時，這樣的結論依然成立。每個人在做出重要決定前，都應該收集各個方面的資訊，在這個過程中，他們必然會收到這些資訊所帶來的心理暗示，從而在潛移默化之中影響自己的決定，雖然他本人可能對此毫無察覺。

　　每個人都應該對外界事物所傳遞出來的心理影響保持一種開放的態度，無論是對他人釋放出來的個人的還是心理層面上的影響。當然，每個性情、氣質或者經歷不同的人，可能在對待心理暗示方面存在很大的差異，不過最後他們還是會將注意力集中在對自身思想的控制上。很多人在受到他人所給予的一丁點心理暗示之後，就會循著這樣的方向前進。特別是對那些性情軟弱之人來說，情況更是如此。他們軟弱的性情就是造成他們為人軟弱的根本原因。即使是對那些獨立自主與內心強大的人來說，他們也會在很大程度上受制於自己的朋友或者熟人所帶來的心理暗示，特別是對那些他們認為具有強大能力、豐富經驗或者智慧的人，他們更容易受到這些人的話語或者言行的影響。那些軟弱之人在對待一些事情的態度上是多變的，他們始終無法拿定主意。他們就好比是被那些心智平衡、控制力強的人用一根長長的線牽著，始終受制於這些人所給予的心理暗示。但對於那些關係比較密切的兩個人來說，這樣的影響可

能更加難以察覺，因為這種心理暗示的影響基本都在一些小事上表現出來了。即使如此，心理暗示的作用也並不一定需要我們去進行自我控制，因為每個人都會做出與他人給予的心理暗示相悖的事情。這樣的事實也說明了一點，那就是即使是在最強烈的心理暗示的影響之下，人們依然能夠對自我進行完全的控制。

那些能夠對他人產生影響的人很有必要善用自己的影響力，因此，他們必須要進行強大的心靈控制，這樣做不僅是為自己好，也能夠讓他人從中受益。最近一位作家這樣說道：「全世界成千上萬的人，不，應該是數以百萬計的可憐之人，可能會因為你的淚水而感到悲傷，也有可能會因為你那微笑的眼光而感到內心愉悅。」當然，這位作家的話可能帶有浪漫主義的誇大色彩，但是所有真正明白的人，都會知道一句話、一個眼神或者一種沒有表達但卻積極的思想所具有的重要暗示意義。如果「一塊鵝卵石能夠在宇宙中最遙遠的門廊裡迴響」的話，那麼人的一個思想所產生的作用豈不是更加深遠？

毋庸置疑，無論是對熟人還是對陌生人來說，告訴別人自己處於困境，始終都不是一件好事。當然，他實際上可能已經處在這樣的困境當中了，但他說出這些話之後，往往會讓他產生一種幻覺，而這樣的幻覺則會喚醒他心智裡的不和諧思想，從而增強之前的不和諧心態。沒有人知道這樣的思想會為他帶來多大的傷害。要是我們能夠將注意力集中在某些值得讚揚或者美好的特質或狀態之上，我們就能夠喚醒自身和諧的思想，從而更好的鼓舞自己，幫助自己克服所有讓自己感到困難的事

第三十七章　心理暗示

情。即使是在面對那些最糟糕的人的時候，我們依然可以保持這樣良好的狀態，特別是當某人已經養成了習慣去這樣做。當我們不斷地接受積極的心理暗示時，就能夠不斷感受到自身的優勢；而當我們始終追隨著那些讓人壓抑的心理暗示時，則會為我們帶來無盡的傷害。

現在，很多人都已經認識到了一點，那就是積極的心理暗示不僅對人的健康有特殊的價值，而且對提升我們的道德標準也是非常有好處的。聰明的醫生就會明白這一點，他會認為培養自信與愉悅的心態，其實就是他作為醫生的職責，因為他的言行、臉上的表情以及說話的語氣以及他整個人的行為舉止，都會對病人產生一種心理暗示。他要做的就是盡量向病人傳遞出積極的心理暗示。

哈德森在談到那些因為錯誤的心理暗示所引起的疾病時曾說，人類幾乎有九成的疾病，都可以追溯到不良的心理暗示。

阿爾伯特·摩爾（Albert Moore）作為這個研究領域的科學權威，在他關於催眠方面的研究中也證實了哈德森的話語絕非危言聳聽。他說：「當人們確信自己從各個方面來看都出現了疾病的徵兆，那麼這些人必然是會得病的。我認為很多人都是被這種錯誤的心理暗示傷害到了。與其說他們是身體本身有病，還不如說他們是被錯誤的心理暗示毒害了。」

下面講一個有意為之的心理暗示的例子，這個例子清楚地說明了錯誤的心理暗示會為人帶來災難。某個身體健康的年輕人在一家大型商店裡工作，他的同事想跟他開一個「有意思的玩笑」。一天早上，他走在上班的路上，他的六位同事開始對

他進行心理暗示。第一位同事與他愉快的交談，詢問了他關於健康或者其他的問題，然後說，這位年輕人的臉色似乎不是很好。對此，年輕人表現得很驚訝，說不可能吧。因為他昨晚睡得很好，吃了可口的早餐，感覺自己的身體棒極了。那位同事說，他的臉色不是很好，接下來有可能會出現頭痛的情況。對此，年輕人給予了否定的回答。接下來，第二位同事也過來詢問了與第一位同事類似的問題，只是他的語氣更加肯定一些。對此，這位年輕人不再像回答第一位同事的時候那麼自信了。在剩下的四位同事都詢問了類似的問題之後，他對身體的自信感已經降到了一個很低的程度。最後一位同事用非常堅定的口氣說他必然是身體出現了問題。終於，在輪番心理暗示的轟炸之下，這位年輕人相信自己的確是生病了。當他到達商店的時候，沒有像往常那樣正常的投入到工作中去，而是直接找到他的主管請假，說自己生病了，需要回家休養一下。接下來他在床上躺了兩個星期，需要醫生的護理。當然，如果他一開始就果斷的拒絕一切不良的心理暗示，充分發揮自身強大的心靈自控能力，將所有負面的心理暗示都驅趕出去，這一切都不會發生。

但這樣的情況並不單單限於商店員工之間的玩笑，類似的事情還有很多。亞瑟‧斯科菲爾德（Arthur Scofield）醫生曾說：「兩位醫生一起走路，其中一個人說他可以只透過與別人說話，就能夠讓他生病。另一位醫生對此表示質疑。看到農田上有一位農民，第一個說話的醫生就走上前去，對這位農民說他的氣色不是很好，然後表明自己的身分，說自己是醫生，接著

診斷出這位農民患上了某種『重病』。這位醫生的話讓農民感到晴天霹靂。沒過多久，這位農民就感覺自己的身體很虛弱，整天躺在床上，不到一個星期就死去了。因此，這位農民的疾病根本就不是因為身體上的毛病所造成的。」

　　一篇關於催眠的文章指出，催眠只是心理暗示的一種極端表現形式，其實是由某些相似的基本原則所控制的，能夠透過相似的心靈途徑產生作用，而這與心靈的自我控制並不完全相同。梅納德（Maynard）醫生就談到了錯誤的催眠方式可能造成的危害與影響。他說：「當一個人處於被催眠的狀態時，他的心智就會在不受控制的狀態下接受他人灌輸給他的思想，之後這些思想就會被轉變成行動。被催眠者可能會被灌輸某種思想，諸如他無法抬起自己的手臂，無法睜開雙眼，無法從椅子上站起來，或者無力邁過門檻，從而使其經歷種種身體癱瘓的狀況。在催眠之後，被催眠者發現自己的身體根本動不了，因為他已經確信自己沒有能力移動身體了。當人處於被催眠狀態，即使他沒有完全入睡，如果你遞給他一杯水，告訴他這是一劑強效的瀉藥，那麼被催眠者也依然會嘗試，似乎這真的是一杯藥……

　　「在催眠的過程中或者與他人互動的時候，這樣的思想並不需要被引入心智的世界裡。這可能是源於我們的心智自發做出的行為，將注意力過分專注於某種感官上，從而出現的強烈情感。那些相信自己已經生病的人，必然會生病。其實，他的身體根本沒有任何疾病，他之所以生病，是因為他想像著自己其實已經生病了。正如在催眠試驗裡，他可能會因為自我的

心理暗示而出現消化不良、身體僵硬或者酗酒等情況 —— 但是，一種有意識或者潛意識的固定思想可能是造成所有麻煩的根本原因。」

　　換言之，心智的改變 —— 不管這樣的改變是在催眠者的安靜狀況下做出來的，還是他們對某位朋友的言語暗示做出的回饋，或是因為某些外在行動或狀況所產生的心理暗示，甚至是在自身的思考過程中出現的，然後得出了自己的結論 —— 這些情況都讓我們的身體結構以及心靈將一些並不真實的東西視為真實的。儘管這些所謂的事實只存在於當事人的思想當中，在現實中並不存在，這種情況依然會出現。

　　即使當我們懷著最好的心意，去對一位坐在窗前的人說：「難道你不怕打開窗戶會讓你著涼嗎？」都是錯誤的做法。說話者的語氣越是誠懇，對別人造成的傷害就越大。按照梅納德醫生的觀點，坐在窗前的那個人即使最後出現了感冒的情況，更多的也是因為朋友的這種心理暗示所造成的，而不是真正因為吹了風而著涼。因此，負面的心理暗示要比真實的情況為我們帶來的傷害更加嚴重。我們坐在餐桌前吃飯聊天的時候，經常能聽到有人說：「我擔心吃這些食物可能會傷害到你。」要是我們習慣性的受到這種負面的心理習慣的影響，這為我們帶來的傷害要遠遠比食物本身的害處更大。在成千上萬類似好心做壞事的情形裡，我們都可以看到這樣的結局。只要我們稍微回想一下自己的經歷，就會發現這些情況幾乎多得數不盡。

　　很多辛苦工作、深愛著自己孩子的母親經常無微不至的關懷自己的孩子，她們始終提醒孩子不要著涼，不要光腳走路，

第三十七章　心理暗示

不要過分興奮。總之，她們在任何事情上都希望孩子們不要做一些不好的事情，但母親們的這些行為與話語往往會對孩子造成嚴重的心理負擔，讓他們感到焦慮，最後只會導致他們缺乏做事的能力，顯得陰柔，容易生病，經常感到痛苦。類似的錯誤並不單純是由母親所造成的，還有他們的親戚、朋友、熟人或者他們的錯誤思想，因為他們這些錯誤思想往往會造成錯誤的結果。這就解釋了一點，那就是出身貧窮的孩子通常都身體很棒，能吃苦，要比那些富人的孩子更能夠承擔責任。因為這些窮人的母親必須要努力賺錢養家糊口，她們根本沒有時間去向孩子灌輸一些錯誤的思想，所以他們的孩子能夠逃過這些負面的心理暗示，從而比那些富人的孩子過上更加幸福的生活。

在這種關聯中，有兩件事情值得我們去注意。一件事就是，這樣的原則對這兩種情況都是適用的。正如梅納德醫生所說，如果心智的改變能夠讓我們患上這些疾病，那麼如果我們懷著與此相反的心靈狀態，就能夠治癒之前出現的疾病。一位相信自己患上了消化不良症的人只吃一些最簡單的食物，其他食物都不敢吃。一位女主人在招待他的時候，不斷地對他說，任何在她餐桌上吃東西的人都不會受到傷害。最後，此人相信了女主人的話，吃了一頓原本他認為可能會對他帶來傷害的豐盛晚餐，最後卻什麼事都沒有。這樣的經歷改變了他的看法，讓他消除了內心的恐懼，沒過多久，困擾他好幾年的消化不良症竟然治好了。我們還可以舉出很多關於積極的心理暗示帶來積極效果的例子。

另一點值得我們注意的，就是如果某人已經對心靈進行過

科學的訓練，將所有不和諧的心理暗示全部趕出心靈，絕對不讓那些有害的種子在心靈中扎根，他就能夠擺脫這些不良心理暗示所帶來的傷害。但要想做到這一點，我們需要持之以恆的堅持，在這個過程中，需要我們具有能力與圓滑的技巧，因為很多人都確信自己是懷著好意去做事情的，他們表現得非常坦誠，但他們的言語或者行為卻產生了很不好的影響。沒人會否認他們的動機是好的，但是他們所使用的方法是錯誤的。他們完全相信自己所說的話，也真切的關心朋友的福祉。如果他們覺得自己的建議沒有被朋友採納，他們可能會很傷心。如果我們能夠始終保持和諧的心靈，不讓任何不和諧的思想進入心靈，那麼這些建議就根本影響不了我們。

那些好心做壞事的人來到他們朋友所在的病房之後，通常都會對抱怨自己生病的朋友安慰幾句。他們會對朋友表現出憐憫的情感，告訴他說臉色很差，用那些具有破壞力的「憐憫」去憐憫他。他們的這些行為只能加重朋友的病情。這些人在聽到了自己的朋友患上重病之後，他們似乎都覺得非常高興，因為他們覺得自己的憐憫之心終於可以派上用場了。如果他們知道了某些人死於類似的疾病，那麼他們就會對那些患上同樣疾病的朋友講述這些事情。對患病之人的這些安慰話語，對那些沉浸其中的人來說，是一種很好的自我滿足，他們將自己視為安慰他人的人，但從現實的角度來說，他們可以說是吸血鬼。

這樣的習慣說明了一種不健康、病態的心靈狀況。這種心理習慣的危害是極其大的，但很多時候卻沒有得到人們應有的譴責。無論是對好人還是壞人，我們都不應該向他們灌輸這些

不良的心理暗示。即使如此，很多了解到這些道理的人依然會不假思索的沉浸在這些不良的思想習慣當中，因為他們本身就已經受制於這些不良的心理習慣。我們該怎樣以更好的方式去影響這些人呢？現在很多書籍都談到了這種行為所帶來的危害，但是如果人們真的努力控制自己的心靈，他們就應該做出進一步的努力。

如果我們從這種觀點出發去看待，這樣的心理暗示其實跟犯罪沒有什麼區別。我們都想要懲罰那些偷竊了他人財產的人，將那些用食物毒害他人的人視為謀殺犯，但是很多人毒害著他人的心靈，影響著他人的健康與幸福，卻始終沒有受到任何懲罰。如果可能的話，我們應該制定法律，禁止任何人向他人灌輸錯誤的心理暗示，違反這一規定的人就要為他們的言行負責。但更好的做法應該是，每個人都應該為自己制定一條法則，讓自己好好的遵守它。

如果我們習慣性的將陽光與健康的氣息傳播給身邊的朋友，透過我們的言行舉止、面部表情去傳遞積極的思想，必然能夠讓身邊的朋友感到愉悅。如果我們建立起正確的心靈習慣，就能夠在毫不費力的情況下處理好外界事物所傳遞的印象，我們的出現就能夠為身邊的人帶來愉悅的心理暗示。

第三十八章　催眠的控制

　　雖然很多人對個人影響進行過廣泛的討論，但很多重要的事實依然尚未得到真實的理解，人們依然對這個話題存在著極端的看法。個人的影響力會以多種形態表現出來，有時能夠讓我們對他人進行積極的控制。在某個特定的時期以及特定的環境下，人們對個人的影響力進行了系統化的研究，但到目前為止，那些研究者依然沒有對此達成一致。

　　研究這些現象的人，不管他們是否接受諸如通靈這些看似比較極端的現狀，很快都會發現一點，那就是這個世界的確存在著除了言語、面部表情、手勢等肢體動作之外，其他的交流思想與心靈活動的方式。一些人可能會否認這些情況的存在，認為這只是個人的臆想。但最近一位作家在進行科學研究之後，表達了這樣的觀點：「思想能夠以安靜且微妙的方式從一個人的心智傳遞到另一個人的心智。只要人有思想活動，無論他的這些思想多麼隱祕，都可以影響到其他人。」

　　絕大多數人都會受到他人話語所帶來的心理暗示，但是還有一種更為微妙且難以察覺的影響。這種比較特殊的個人影響擁有多樣的名稱，過去人們將其稱為催眠術或者動物磁性，最近則稱之為催眠。按照當代一些權威的解釋，這樣的影響可以透過言語或者非言語的方式對被催眠者進行思想控制。我們根本不知道在日常生活中，這種情況出現的頻率有多高，因為很多人根本沒有意識到這些事情發生在自己身上，或者根本不知

道它的過程是怎樣的。透過催眠的手法，一些人可以完全控制他人的想法，讓被催眠者按照他們的意願去做事。至於我們對各種形態的心理暗示是否具有抵抗的機制，仍是一個重要的問題。

很多人的心理習慣都容易受到自身思想的直接控制，除非我們的思想脫離了原先的軌道。某些人可能受到一些放縱思想的控制，不管是不是單純的毫無目標的幻想，或多或少都與我們對所處環境的感知相關，諸如對光線、色彩或者聲音等方面的感知。這種自我暗示的心理活動往往源於我們對過去一些經歷的記憶。那些具有暗示性的話語，或者某個人的出現，都會為我們帶來這些心理暗示。這些心理活動可能是讓人感到愉悅的，或者在某種程度上讓人沉醉，抑或讓我們對某些劇烈的疼痛或者不安感到不適。所有這些心理暗示都是有害的，沉湎於這些心理暗示要比單純的浪費時間更加糟糕。

我們可以非常清楚地看到，如果我們的思想完全不受控制，處於一種毫無目標、隨意的狀態，就會為我們帶來糟糕的結果。幸運的是，並不是所有的思想都屬於這種類型。絕大多數人都會受到不受指引的思想的控制，讓他們去追求一些讓人感到愉悅的事物，因為每個人都真心想要追求一些他們認為能夠提升生活狀態的事情，想要獲得一些成就。這樣的思想狀態依然都追隨著強烈的行為傾向，而不是我們有意為之的行為。但是，那些自認為可以對這種思想進行完全控制的人，就像是站在一塊牢固的基石之上，沒有人能夠動搖他。他可以按照自身的意志去指引思想，按照自己的意願去選擇是否服從某種心

理暗示。他意識到自己的每一個想法，而不是像風向標那樣隨時受到他人的影響。

當一個人處於深度催眠狀態時，他最為顯著的一個特點就是，正常的心理能量遭受壓制，處於一種停滯的狀態，或者處於一種盲目順從的狀態，所以心智會在不加質疑的情況下接受外界灌輸的心理暗示，按照它的指引去做事。因此，當一個人的思想受到控制時，他的行為也就同樣被控制。一個處在被催眠狀態下的人其實就失去了自由，因為他已經放棄了對自身心智的控制，放棄了自己珍貴的自由。他完全成了他人的奴隸，所以他再也不是原來的那個他了，而是成了一個機器、一個傀儡，只能按照他人的指引去做事，完全喪失了主觀能動性，失去了個人的選擇與自身的意志。

他人牢牢的將我們控制，從而讓我們失去了自我的行為，其實就是一種犯罪，而那些允許他人這樣做的人其實也是罪人。因為如果沒有當事人的允許，任何人都是不可能這樣做的。自殺的行為可能很糟糕，但讓自己的心智受到他人的控制，不過是一種慢性自殺，因為他甘願讓自我處於一種消極的狀態。其實從他受人控制的時候開始，他就成為一具行屍走肉。最糟糕的時刻就是這樣的情況一直持續到他「甦醒的時刻」。當他從催眠的狀態中甦醒過來，他的行為有時會受到催眠過程中他人所給予的心理暗示的控制。當我們對此有所了解之後，幾乎很難判斷這些被催眠者在日後的生活中，會在多大程度上受到這些心理暗示的影響。

只有當一個人習慣性的允許自身心智接受某種特殊外在環

第三十八章　催眠的控制

境的指引時，這種催眠的狀態及其結果才可能出現，因此，這樣的人很容易成為催眠師的獵物，因為這些催眠師的成功往往取決於他們對被催眠者的控制能力。自我控制與隨波逐流的想法是兩種極端的狀態，不可能在一個人身上同時出現。這兩種狀態的鮮明對比說明了一點，那就是前者具有很大的優勢，而後者則往往讓自己置身於一種困境當中。如果心靈的自我控制讓人感到愉悅，我們就應該持續的保持這樣的狀態，絕對不能因為沉湎於自我放逐的思想而將其削弱。當我們按照之前的內容去對心靈狀態進行訓練，就能夠讓我們在面對任何類型的心理暗示時，都能夠對這些心理暗示進行審查，了解這些心理暗示的本質屬性。之後，當事人就可以按照自身的理解、選擇與判斷力進行甄別，再決定允許哪些心理暗示進入自己的心靈世界。如果一個人能夠有目的的控制自身的思想，直到這些心理成為一種習慣，這種習慣就會在一種自然而然的狀態之下，協助我們沿著自己想要的方向前進。每個人所處的心理狀態都應該根據自身的意願呈現出來，也應該處於一種絕對受到控制的狀態中。因此，催眠過程中的心理暗示就對這樣的人產生不了任何作用，因為他對這些影響是免疫的。

那些養成了對自身思想進行控制的習慣的人，不僅不會受到察覺得到的外界心靈控制的影響，而且能讓那些自身察覺不到的心理暗示，受制於習慣性的自我心理控制，而不讓其他人影響到自己的思想。這就意味著習慣的能量是非常強大的，即使一個人在面對一些察覺不到的心理暗示時，依然能夠按照自己的選擇去決定。只有這樣的人才是自由的。

這樣的心理習慣不僅能夠有效的讓我們免於各種催眠式的心理暗示，而且能夠讓我們遠離各種不恰當或者有害的外在個人影響。那些能夠控制自己思想的人才能像居住在堅不可摧的城堡中，抵抗住所有外來的襲擊，而不管這些襲擊是柔和的還是猛烈的，都始終無法攻破我們的心靈大門。身體強壯的人只有在成功的控制了自身的思想之後，才能夠感受到自信。任何身體羸弱之人都不應該為身體的問題感到恐懼，因為身體的強壯與軟弱不是其中最重要的因素。即使當我們在沒有運用這種身體能量的時候，也可以讓自己保持完美的心靈控制，從而確保自己獲得徹底的自由。

第三十九章　環境的影響

　　一般人都會持這樣的觀點，即人類在很大程度上受制於他們所處的環境，無論是在生理層面還是心理層面上，都是環境或者自身所處狀況以及他們所感知的心理暗示的產物。誠然，人類所處的某一種特定的狀態，的確會受到環境的影響，從而影響到他做出的決定或者自身的發展。但是倘若我們對前面所提到的原則稍加留意的話，就會發現這樣的說法並不是完全正確的，因為人類並不一定會完全受制於環境的影響，人類完全可以從環境的影響中獨立出來，成為自己的主人，主宰自己的每一個行為。如果我們對歷史上的一些人物進行認真研究，就會發現即使是那些對這些原則持懷疑態度的人，都會覺得過分強調環境的因素並不是明智的做法。

　　很多人都會說，氣候在很大程度上會影響到生活在不同區域的人的心態，但真正造成我們在品格層面上差異的原因，並不是氣候的問題，而是個體的原因。以英國為例。當代英國的氣候與一個世紀之前幾乎沒有什麼區別，如果真的說有什麼變化，也只是非常輕微的變化，根本不足以造成過去一百年裡英國人在品格方面發生的重大變化。難道有人會說這就是人類發展的一個例子嗎？沒錯，這的確是屬於人類發展的一種表現，但是這種發展並不是因為氣候的變化，而是因為人類的心靈思考方式出現了改變。只有當人類的心靈思考方式出現了變化，人類的品格才會出現變化。因此，這其實與氣候的關係並不是

很大。

　　正是思想方式的變化才讓當代的歐洲與凱撒（Caesar）那個時代的歐洲出現了根本性的變化，氣候或者環境的變化乃至自然環境的變化，其實都不足以改變人類的心靈。在人類歷史上，我們可以看到許多人憑藉自身的努力戰勝所處的環境，透過人類的智慧發明一些方法與工具，去改變環境原來的面貌。這樣的事實可以從歐洲的歷史變遷的過程得到驗證。

　　如果我們認真審視一下古希臘與古羅馬時代所獲得的各種不同的進步，就可以窺見一二。在那個人類的早期時代，縱觀古希臘與古羅馬的巔峰時期、衰落時期以及當今時代 —— 每個時代都會表現出與另外一個時代截然不同的人文面貌。正是人類思想的改變才導致了這些變革，而環境的變化所產生的作用，幾乎可以說是微乎其微。

　　在古埃及法老依然作威作福的那個時代，他頭頂上的太陽以及他所呼吸的空氣，土地上的土壤以及水源的成分，其實都與今天這個時代沒有什麼區別，但是現在的統治者與古埃及時代的法老出現了多大的變化！他們處在統治巔峰的時候，所處的環境其實與今天的環境大體相似，但是過去那個時代的思想早已灰飛煙滅。從那個古老的時代到今天這個時代，在整個過程中，我們可以看到，真正推動著人類變革的並不是氣候的變化，而是人類思想的不斷更新與進步。巴比倫與亞述這兩個王國的歷史也完全可以證明這樣的觀點。

　　美國的印第安人在這片大陸上已經生活了數個世紀，但是他們卻沒有像白人那樣沿著相同的發展道路前進，而是選擇讓

自己完全受制於環境的束縛。可以說，在數百年前，印第安人所面臨的氣候環境與現在人們所面臨的氣候環境幾乎沒有什麼區別，但是這片大陸不斷有新移民的加入，從而改變了它原本的面貌。所以說，真正發生改變的，其實是人類的心靈與思想方式，而不是環境本身。印第安人與這些移民者之間的差異，其實就是他們思想之間的差異。移民者帶來了全新的思想，他們擁有夢想，更希望能夠在這片全新的大陸上有所作為。正是這些新移民的到來，才開始真正改變美洲大陸原先的面貌。而之前在這片大陸上生活了數百年的印第安人，幾乎沒怎麼改變這片大陸的風貌，其中的差異就在於印第安人讓自己受制於環境的影響。

居住在美國西南部地區的人也開始做出第二個改變。該地區一開始是西班牙人的居住區，後來才成為新英格蘭人聚居的地方。這種狀況首先帶來的一個改變，完全是由西班牙人做到的。在過去七十五年裡，我們已經看到該地區發生了翻天覆地的變化。在此期間，該地區的氣候沒有發生什麼變化，反而因為全新的移民到了這裡，帶來了全新的思想。氣候的變化並不會改變或者創造出這三種截然不同的人類文明。改變之所以發生，幾乎完全是由思想本身的力量所驅動的。因為人類有怎樣的思想，必然會導致人類做出怎樣的行為。從人類的遠古時代到現在，氣候的變化其實都不大，但是人類在不斷的發展過程中卻不斷發展了自己的思想，透過讓思想控制自己，從而戰勝了自己所處的環境，即使自然本身的面貌發生了一些變化，人類也還是能夠在思想的指引下戰而勝之。

誠然，美洲大陸的環境與哥倫布首次踏上這片土地的那個時代相比，已經發生了翻天覆地的變化，但是這樣的變化完全是因為人類在這一段歷史過程中改變了自身的思想，然後按照自身的思想採取一系列的行動，從而改變自己所處的環境。人類透過建造房屋、製造供暖設備等方式讓居住環境的溫度發生了變化。人類還透過砍伐樹木、人為的建造灌溉的溝渠改變土壤的成分，從而改變氣候的狀況。但是，這些改變都是人類按照自身意志的指引，透過工具進行的。在這個過程中，自然幾乎沒有給予我們任何幫助，有的只是人類對自身思想做出的回饋。

　　如果我們對此進行正確的思考，就會發現歷史已經為我們展現了這樣的事實，那就是心智發生變化、改變或者自我控制的程度，與外界環境的關係其實並不大，在更多的時候還是受制於自身的思想。我們必須承認一點，那就是即使在嚴寒的氣候或者在土地貧瘠等環境占據主導地位的地方，人類也能夠在很大程度上按照自己的心智對此做出改變，並且努力克服這些困難。亞利桑那州與新墨西哥州的酸性土地，與古巴比倫或者亞述的土地都是差不多的，都屬於酸性土壤，但後來經過農業灌溉方式進行人為的改變，最終都變成了肥沃的土壤。之前被我們視為荒涼之地的大西部，現在都已經變成了一望無際的肥沃原野。

　　這樣的例子通俗明瞭。人類歷史上這樣的例子幾乎數不勝數，在人類面對環境或者某一個特定的地方時，都可以看出人類有能力按照自身的思想對其進行改造，而根本不需要屈服於

這樣的環境。思想是一種初始的行為，這也是人類所有行動的一切前提。在面對任何外在環境或者事情與身體活動之間，必然存在著個人的思想。真正決定我們做出怎樣行為或者舉止的原因，根本就不是外在的環境或者所發生的事情，而是我們自身的思想。所以，我們必須明白這樣的道理。正如人們經常說的，這樣的思想幾乎完全受到人的控制，因此，人類本身才應該為最終的結果負責，不管這樣的結果是好是壞，都與人類自身的思想息息相關，而與我們所處的環境關係不大。

很多人會說，他們所處的某些環境會迫使他們不得不做出某些行為，這樣的說法看上去是真實的。但這樣的說法之所以「真實」，是因為這些人首先允許了心靈這樣去做。任何看上去能夠改變人類想法的環境，其實都可以透過恰當的心靈活動進行克服，我們面對的所有困難也可以透過自我的控制加以避免。

世人都努力的為自身的失敗或者所處的惡劣環境找藉口，他們將這樣的失敗或者不足歸咎於自身所處的環境。這樣的藉口幾乎可以被我們用在一切事物上 —— 不但是人類本身，還涉及動物、沒有生命的事物或者一些最瑣碎的事情。很多人都將失敗歸因於他人或者他物，似乎與自己沒有任何關係。他們認為對於失敗，氣候要負很大的責任，認為天上的星星也要為我們錯誤的行為負責。

誠然，外界的事情或者狀況會引發我們一連串的想法，但對不同的人來說，其引發的想法是完全不一樣的，完全取決於當事人的思想習慣以及他們所持的觀點。但是，我們絕對沒有

必要讓自己受制於這些外界的心理暗示。每個人都可以努力的控制自己的思想。除此之外，每個人都可以學會如何更好的控制自己的思想，從而將一些錯誤的思想排除在心靈王國之外，而將任何毫無價值或者有害的思想都趕出去。所有這一切都是每個人可以做到的。

這就是自我活動。正如哈里斯（Harris）教授所說的：「自我活動是我們每個人區別於他人的本質之處，因為自我活動並不會從所處的環境中吸收任何決定其行為的因素，而是以自身的心靈作為泉源，然後以情感、意願與思想表達出來。」除了自我活動之外的其他活動，都是應該被我們摒棄的。只有這樣，人類才能夠擺脫環境套在他身上的枷鎖。任何人都不可能被環境逼迫去做某些事情，如果他真的這樣去做了，可以肯定的是，他首先允許了這樣的思想存在於自己心靈的世界中。

如果這一原則的論述正確的話，那麼外界的心理暗示、狀況、時間或者事物都不可能決定一個人該做出怎樣的行為，除非他本人首先在心理層面上允許了這些思想的存在。每個人身邊的任何人或者任何事物對他帶來的影響，其實都不足以改變他的行為方向，因為只有他自己才能決定自己到底該朝著什麼方向前進。在這個過程當中，心智的地位是最高的，甚至比思想的地位還高，正是心智的活動決定了每個人該做出怎樣的行為。

真正為我們帶來傷害的，永遠都不會是外界的事物，而是我們自身的思想。那些坐在餐桌前什麼都不吃的消化不良的人，是不會因為吃了某樣食物就受到傷害的。毒藥不會殺死

那些沒有喝毒藥的人。我們聽到他人的話語或者看到他們做出的行為 —— 這些都屬於外界事物所傳遞出來的心理暗示 —— 從本質上都屬於外部環境的問題，這些事情原本是不會對我們造成什麼傷害的，除非這些外界的心理暗示能夠在我們的心靈世界裡扎根落腳，才有可能對我們帶來傷害。至於這些外界的心理暗示是否能夠在我們的心靈裡扎根，則取決於當事人的心理自我控制能力。其他人所說的話可能對聽者而言沒有任何作用，或者這些人所說的話根本無法被他人聽到，但是這些言語是否會對聽者產生影響，就取決於聽者的自身思想。每個人都可以對他人的想法無動於衷，絲毫不受他們的思想影響，除非他讓自己的思想活動與他人的思想活動保持一致。做出這種選擇的人是我們自己，而這樣的選擇本身就是他做出的行為。

　　人們對這些原則有多麼深刻的理解或者對這些行為的方法有多少研究，或者他們的情感或出發點有多麼善意，其實都沒什麼用，只有當他真正利用每一個機會去踐行這些原則與方法，在現實生活中好好的實踐時，才有可能真正做到。如果我們的心靈受制於某些閃過心靈的隨意思想，我們將會一事無成。如果我們允許任何與自身想法相悖的思想存在於心靈的世界，這樣做對我們就是有害的。這些思想都是非常容易轉變的，因為它們本身就具有多變的屬性。所以，我們應該養成果決的思想習慣，基於某個堅定的信念去做事情，只有這樣才有可能獲得良好的結果。

　　只有我們始終堅持正確的思想，才有可能真正戰勝自己所處的環境，不讓所處環境傳遞出來的心理暗示為自己帶來傷

害。我們可以透過很多方式做到這一點，所有的這些方式都會指向更加廣闊的世界，這個世界是我們可以觸摸的，同時也是其他人所無法觸及的。一個人對天氣的態度也是如此。諸如氣候、氣流、雙腳溼了、衣服溼了或者其他很細微的狀況，都有可能為那些整天擔驚受怕的人帶來疾病，但是其他一些心智堅強的人則不會受到影響。一個人能夠抵抗狂風暴雨，即使他渾身溼透了，都可能沒有任何不良的影響；而對其他一些人來說，如果他們赤腳踩在溼地板上，就覺得自己有可能會患上感冒。不同的人在面對這些情形時，之所以會引出不同的結果，就因為他們所持的心靈態度不一樣。這一事實，可以從許多人透過改變自身的思想習慣而改變了心靈的桎梏，從而獲得自由的例子中得到證實。如果某人能夠做到這一點，那麼其他人也同樣能夠做到。如果某些人能夠在逆境中做到，那就有人能在看上去更加難以突破的逆境中做到。人類在打破逆境對人的限制方面，是沒有極限可言的。

　　這並不是說，所有的生理狀況都完全受到人的控制。岩石砸到人身上，就可能要了他的命；火會將人燒死；冰霜會將他凍死；水可能會將他淹死。人之所以會面對這些情形，是因為他已經甘願讓自己受制於自然環境的一些惡劣影響，沒有想過要去躲避或者加以克服。但這些現實的經驗說明了一點，即人在某些環境下是自己的主人，這就對人進一步提升自己的控制範圍提供了可能性。當我們已經養成了自我控制的習慣，就會對心智的能量有更加深刻的了解，知道心靈的原則是如何去幫助我們擺脫環境的束縛，從而讓我們置身於《創世記》（*Gene-*

sis）第一章人類被創造時的位置上，在那種情形下，人類就是地球上所有事物的控制者。

要是所有人都能夠充分發揮他們與生俱來的權利，都能夠做到完全控制自己的心靈，誰能夠想像人類會面臨怎樣的環境呢？人類是成為他們所處環境的傀儡，還是超越環境這個物理世界加在我們身上的桎梏，完全取決於我們自身。這是對當代與過去的觀點的一種顛覆。不過，當我們將精確的理智運用到控制人類自身行為的原則之上，我們就完全有可能戰勝那些現在被認為是不可戰勝的外在環境，就好比人類最天馬行空的預言家都不敢想像的事情最終變成了現實。這就是我們在 20 世紀應該去做的工作。

第四十章
每個人都需要為自身負責

　　很多人認為，在當前的社會環境中，無辜之人通常會承受痛苦，這是因為邪惡之人做出的許多行為都被視為是理所當然的，雖然這些行為會讓人覺得非常不公平。現在，我們從一種不同的角度對這樣的觀點進行闡述。正確的理智必須要有正確的原則論述作為依據，還有依照邏輯的原理，並且完全符合這些原則的論述，否則這樣的理智就代表依照的是錯誤的思想。我們透過這樣嚴謹的理智活動得出的結論，可能與所有的感知得出的結論存在直接的衝突。甚至於說，我們理智得出的結論看上去是無比荒謬的。但是這並不能在任何程度上削弱這種論述的精確性。當我們在對真理的原則做進一步闡述時，都會聽到有人這樣說：「這赤裸裸的傷害了我們的感情，誰能夠承受呢？」

　　我們都已經知道，思想活動是首先出現的，而外部發生的事情或者狀況則會透過意識讓我們去感知，不管外部環境以怎樣的形態或者強度出現，我們都可以透過對思想進行控制，來擺脫環境為我們帶來的這種限制。思想者本人可以立即將之前的錯誤思想趕出心靈的世界，用一種全然不同的思想進行替代。我們透過很多例子都看到了這樣的情況，即很多活動所具有的屬性都是與思想本身的屬性一致的。因此，這些活動與產

第四十章　每個人都需要為自身負責

生它們的根源是一致的，都屬於當事人自己。因此，產生結果的行為與狀況都是可以由當事人進行改變與指引的。這就讓我們每個人要為個人的行為與所處的狀況負責，還要為這些行為所帶來的結果負責，因為這一切的始作俑者都是我們自己。誰也不能替代我們肩負起這份責任。

　　事實上，一些人無法控制自身思想的行為並不能改變這一基本的論述，也不能改變我們所運用的理智，更不能推翻我們之前得出的結論。因此，這些人無法放棄他們所要承擔的責任。每個人都可以按照自身的選擇去改變自己的思想。不論他們要追尋怎樣的道路，最終都是屬於當事人自身的行為。那些看到火車轟隆隆的駛過來，卻沒有急忙躲閃的人，必須要為最終的後果負責。任何人都不會將這樣的過錯算到駕駛員或者工程師身上。此人之所以遭受這樣的結果，完全是咎由自取，因為他自身的思想與他做出的行為讓他站在駕駛員的視線盲區，從而造成最後慘烈的後果。如果他的思想與行為與此不同，結果可能就不是這樣的了。

　　誠然，在這個人進行思考的時候，他忽視了一些最基本的元素，但這並不能改變之前所提到的基本原則，因為不管我們對事物有著深刻的理解還是一無所知，都無法改變這樣一個基本事實。這一切的根源都是當事人本身無法做出恰當的行為所導致的。即使他的無知可能是由於之前一些事情所造成的，但這也不是藉口。那位駕駛員根本就不應該為那一位因為無知而走上鐵軌的人負責，因為他根本不知道還有人會這樣做。有這樣一句古話：「法則不會放過任何忽視它的人。」這句話生動

的闡述了這樣的原則，也完全可以運用到關於法律事務的例子當中。事實上，這樣的原則幾乎可以運用到很多方面。

在自身的思考與最後讓人覺得不滿的結果之間，我們需要耗費許多時間，還需要對環境有深入的理解。雖然這樣的事實更能讓我們發現自身錯誤的思想 —— 因為正是這樣的思想才導致我們做出了錯誤的行為 —— 但也不能改變上面提到的原則，也不能成為我們推卸自身責任的藉口。這只能進一步強調我們用正確的方式解決某些特定問題的必要性。

有人可能會說，遺傳的法則往往會將父親的罪孽遺傳到他們的孩子身上。假設事實真的如此，那些天生殘疾的孩子並不需要為自己一出生就要面對這樣的缺陷負責，而那些因為父母酗酒而處於飢餓狀態的孩子也不需要為自己面對這樣的狀況負責 —— 沒錯，假設在很多情況下，在孩子能夠承擔責任之前，他們所面臨的很多痛苦都是父母造成的 —— 但這些事實都是例外，因為他們所處的狀況都是屬於一種意外。即使遺傳的法則真的成立，這樣的原則同樣是適用的，因為他們所處的狀況是自身思考的結果，雖然這樣的思考可能只是出現在他們的祖先身上。孩子的思考在很早的時候就開始了，並且隨著年齡的增長逐漸加強。當他到了承擔責任的年齡，就應該為自己負責。所以說，當孩子成年之後，他必須要為自己的錯誤思想所導致的痛苦負全部責任。也有可能是，他從小沒有接受過思想控制的教育，所以他對自己所遭遇的不幸顯得非常無知。但即使如此，他也不能拿這樣的藉口為自己的罪行開脫。不論一個人在出生的時候遺傳了怎樣的傾向，他始終都有能力去透過

改變自身的思想，來改變這樣的遺傳傾向。

　　證明這個觀點的例子可以用這樣一個事實展現出來，絕大多數的偉大英雄或者改革家都出生於貧窮的家庭。耶穌基督也不例外。他出生的家庭幾乎沒有任何背景，接受的教育也不是很多，在他的成長道路上幾乎沒有得到什麼人的幫助。他見到過一些抄寫員、道德家與牧師，但是這些人並沒有實施過任何真正的改革，雖然他們總是試圖在修補個人與社會存在的缺陷，每天都在為所謂的社會與道德的福祉進行努力。耶穌從未在學校裡接受過正規的教育，他甚至算不上那個社會的菁英階層。但是，他最終卻引導著世人前進。他不像那些接受過某種教育的牧師，卻能夠闡述一些變化的原則，持續的改變著全世界的宗教與道德，直到世人認可他的教義。難道他真的擁有某種超自然的神奇能力嗎？在這些方面，穆罕默德的人生與耶穌有著類似的遭遇，難道他也擁有某種超自然的神奇能力嗎？很多偉大的改革家都是出生在貧窮與沒有什麼背景的家庭裡。

　　從人類的早期開始，人們就習慣性的將自身的錯誤、失敗、災難或者罪行歸咎於他人，說這些人沒有很好的完成他們的工作，才導致了這樣的結果。世人幾乎都有一種傾向，就是喜歡將自身的錯誤歸咎於他人，這似乎就是人性的典型特點。這樣的錯誤激發了人類許多錯誤的思想，讓他們將這樣的錯誤思想不斷延續下來。

　　賢妻良母通常會將自己感受到的錯誤歸結為丈夫做出的錯誤行為，但事實上，正是她的錯誤思想讓她陷入了今天的境地。我們可以清楚地看到，不管是所處的環境還是另一個人

所做出的行為，都只能產生一種次要的作用，真正能夠為我們身心帶來影響的，只有我們自己的思想。她的丈夫可能是個酒鬼，在他們結婚前的幾年，她可能就已經知道了這樣的事實，但她卻覺得偶爾喝上幾杯沒有什麼大問題，或者認為這是展現男子氣概的一種優秀特質。丈夫的冷落行為或者拳打腳踢為她帶來的痛苦，是因為她在結婚之前就抱著錯誤的思想，也許是因為昨天的一個錯誤思想，也許是幾年前做出的一個錯誤決定，她才讓自己身處這樣一種境地。她之所以感到痛苦，是因為她給了丈夫為自己帶來痛苦的機會。如果她之前能夠有不一樣的想法，她的人生就會變得不一樣，日後她所感受到的痛苦，可能就永遠都不會發生。

但她面臨的狀況可能比這更加嚴重。雖然丈夫做了一些最壞的事情，但她所感受到的痛苦還是源於她自身的思想，因為這才符合自然的法則。她完全有能力改變這種思想，將所有關於丈夫的不良行為所帶來的負面的心理暗示都排除出心靈的世界，要是她能夠做到這一點，這將改變她對人生的看法，學會從身體與心靈兩個層面上看待事情。心靈所承受的痛苦一般都是不會發生的，除非我們允許自我感受到這樣的痛苦。當我們遭受打擊的時候，如果沒有出現心靈上的不和諧，我們也不會感受到多少身體層面上的疼痛。這才是我們最終所持的觀點，而這也是一個正確的觀點。

因為每個人都培養了一些一輩子都難以改變的習慣，在這些情況下，我們很容易在心靈層面上滋生一種錯誤的傾向，那就是譴責或者責罵那些犯錯的丈夫，並且對丈夫不抱任何期

望。在這種情況下，愛意很快就會從心中消失，痛苦則會逐漸占據原先的位置。相反，如果妻子能夠努力進行心靈的自我控制，始終讓自己遠離批評或者譴責的態度，讓自己看到丈夫的優點，並且始終相信一點，那就是丈夫會回到正確的軌道上，重新確立他的男子氣概，那麼她將不僅能夠改變自身所處的狀態，而且還能夠在成功改造丈夫方面收到回報。這就好比一位老師在一些小事上的表現，可能會影響到孩子們日後的重要行為一樣。控制岩石下墜的法則同樣控制著地球的運轉。她應該將心靈世界裡所有不和諧的思想全部消除掉，用和諧的思想取而代之，然後按照改變自身的強烈意願去做，只有這樣，她才能夠改變自己的丈夫。這是一件容易的事情嗎？回答是否定的。但任何值得我們去做的事情，都是需要我們持續的耗費心力的。

因為真正為了實現這樣的目標而進行心靈訓練的人其實不多，但這樣的情況也不能改變這樣的事實。今天這個時代的電流與一個世紀前的電流是一樣的，但是如果人類不去使用電流為我們服務的話，那絕對不是電流的錯，而是我們人類自身的錯誤。

我們在這裡所提出的原則，絕對不是要寬恕那些犯了錯的人。那些騙子、小偷、謀殺犯以及所有做了邪惡事情的人，都必須要為自己的行為負全責，他們是絕對不可能逃脫自身所帶來的後果的。無論受害者身上背負了多麼沉重的負擔，他人都沒有任何藉口去做錯誤的事情。每個人都應該避免去做一些必然會帶來因果的行為，只有這樣，才能夠避免最後遭受懲罰。

每個人其實都是受害者，他們所感受到的痛苦源於自己雙手的所作所為，在於他們的錯誤思想，而這些錯誤的思想又決定了他們做出的錯誤行為。

　　這是一條很難接受的信條嗎？不是。因為這一信條的不可改變性就已經說明了一點，那就是錯誤與痛苦原本是可以避免的。這一信條的不可改變性正是其美德，而不是其缺陷。二乘以二等於四，無論是在算術還是在道德的層面上，法則都會始終按照相同的方式運轉。真正需要我們去做的就是認識到這樣的法則，然後遵照這樣的法則去做事。

　　很多人在面對相同的狀況時，都表現出了完全不同的態度，其中一些人是以一種尊敬的態度去面對的。據說，毫無罪孽的耶穌為了這個充滿罪惡的世界而承受痛苦，如果我們對此進行思考，就會發現這是事實。而有些人則會認為這是不真實的。他的整個人生，包括他人生的巔峰，其實都是自身行為的結果──這一切都是自身思想的呈現，都是他深思熟慮之後的選擇。身處荒莽之地的誘惑清楚地說明，他已經認識到了自己所處的狀況，看到了自己能夠成為這個世界的掌控者，而不是成為他人偏見的受害者。他在進入耶路撒冷不到一個星期之後，就被人釘在十字架上，這說明了他從來就沒有選擇過偏離原先的人生軌道，沒有想過去做一些讓自己避免被釘上十字架的事情。按照一些人的紀錄，我們可以看到耶穌非常清楚這一點，他是有意選擇這樣去做的。之後，當他遭到逮捕時，他沒有任何怨言，因為他之前已經想到了這些結果，但是依然不改初衷。他曾對彼得（Peter）說：「當我不能向天父祈禱的時候，

他會給我十二位天使嗎？」顯然，他原本是可以避免遭受被釘在十字架上的命運的，但是他選擇了去接受這樣的命運。他完全是在為自己的行為負責任！當我們的思緒超越了十字架本身所代表的象徵意義，就會想到他的選擇為後世的人們帶來的重大的積極影響，我們也可以更好的了解他的思想，懷著崇敬的心情去向他學習。

這樣的觀點並沒有與感官印象存在任何偏差。相反，這樣的事實可以讓我們更清楚地了解自身所處的狀況，更好的了解可能出現的即時結果，還可以讓我們有足夠的能力去避免這些結果的出現。因此，每個人都應該心甘情願的為自己的行為負責。至少就他本人而言，他是完全需要這樣去做的，只有這樣，他才能夠讓自己的人生變得更加宏大與美好。殺害耶穌的劊子手並不知道他們正在做什麼事情，但是他們所做的一切並沒有改變他們需要為此負責的事實。儘管如此，這樣的行為卻為那些無知、視線受阻、處於掙扎的罪惡之人帶來一絲光明。耶穌基督是為了他們才甘願遭受那樣的痛苦。

在過去的時代，人類都傾向於將自身的痛苦歸結為「天神的憤怒」，或者將其視為神性旨意不可違抗的命令。在之前的內容裡，我們已經說明了一點，那就是無論在每個特殊的例子還是從整體的觀點去看，這些不良的結果都是自身思想與後續行為的結果。之後，若我們將這些錯誤或者痛苦歸結為上帝的憤怒，就是完全錯誤的。上帝並沒有向我們製造任何麻煩，也沒有對我們製造任何痛苦，更沒有為我們帶來錯誤的思想。當我們將自身的錯誤或者痛苦歸咎於上帝的時候，這簡直就是

一種褻瀆的行為。這些錯誤都是我們自身錯誤思想所結下的苦果。上帝賜給了每個人自由選擇與不選擇的權利。無論是世間出現的痛苦還是邪惡的事情，抑或人類所犯的錯誤與罪惡，無論是從直接還是間接層面上看，都與上帝沒有任何關係。

　　人類天生就應該感到快樂，而這樣的快樂是每個人都可以感受到的。沒錯，如果人們願意的話，他們是可以生活在這樣的思想當中的。歡樂、愉悅與平和，這些都是正確思想所帶來的結果，因此，每個人都應該獲得這樣的結果。真善美以及那難以言喻的快樂，都是每個人可以獲取的。每個人甚至都不需要刻意去尋找這樣的幸福，因為上帝已經將這些幸福賜給我們了，只需要我們去感受就可以了。

第四十一章
思想控制才是真正的
自我控制

　　在人類文明的初始階段，哲學家、道德家與老師都將自我控制視為一種美德。在數千年前，所羅門（Solomon）就曾說過：「那些能夠控制自己精神的人，要比占據一座城市的人更加偉大。」也許，這樣的話在他之前就有人說過了，而他不過是重複了之前那些聖人所說的話。當然，最偉大的人無疑都是那些能夠控制自己的人，因為要是一個人連自己都無法控制的話，他也根本無法控制其他人。「對那些想要成功的人來說，自我控制是最重要的任務。」每一個態度認真、心靈真誠的人都會想要做到這一點，當然他們在這個過程中必然會感受到成功與失敗的味道。

　　要想有所成就，第一步要做的事情就是知道我們該怎麼做，這一原則清楚地說明了實現絕對的自我控制的唯一途徑。要做到這一點的祕密就在於我們對思想的控制，因為心靈活動控制著其他所有的活動。在「控制心智」這句話裡，幾乎濃縮著所有的智慧、所有的哲學理論，以及所有能夠幫助人類實現自我控制的努力。控制心智就是做到自我控制最根本的工作，因為心智是控制人類行為最高階的能量。如果我們能夠對心智

進行控制，我們就能夠控制其他的一切方面。

　　任何行為倘若沒有做到心靈控制，都算不上是真正意義上的自我控制，因為在這樣的例子裡，人類生活中最重要的因素都已經被我們忽視了。這一事實並沒有為很多人所熟知，即使一些人認識到了這一點，他們也無法對此進行正確的理解。要是人們真正認識到思想的重要性，知道思想本身是所有其他行為的真正原因，他們就會想要努力去了解真正的自我控制的重要祕密。

　　極少數的倫理道德老師過分強調了這一點，他們將避免做出錯誤的行為或者不道德的行為稱之為自我控制。當某人感到憤怒的時候，他們就會建議此人不應該用拳頭去打他們的對手，或者用惡毒的言語去攻擊他們。當然，這不過是自我控制的一塊碎片而已，不過也要比放縱自身的行為，使之完全不受控制要好得多。

　　那些憤怒之人因為自身思想的控制而沒有做出錯誤的行為，這本身是值得讚揚的。但這樣的行為並不是最好與最高效的做法，因為這不能讓我們完成最重要的那部分工作。這樣的方法只是停留在讓自我在生理層面上進行控制，而心靈層面幾乎沒有得到我們的任何注意。這樣的做法其實是屬於壓制性的做法，但壓制性的做法並不是真正的控制。這些人只是將自己的思想與衝動壓制下去了，努力讓自己不陷入一種暴力的行為中。要是他們想將這些思想全部都趕出心靈的世界，在這些消極思想出現萌芽的時候就立即加以摧毀，那麼他們就需要回到源頭，也就是對思想進行自我控制，從而保證那些有毒的思想

遠離我們。我們需要將阻礙思想朝著正確方向前進的障礙移除掉，只有這樣，才能避免朝著錯誤的方向前進。只有我們從思想的源頭上進行控制，才是真正的自我控制，這將讓思想的泉水自由的朝著正確的河道流淌。

　　真正的自我控制並不包括要壓制或者阻止自己去做一些錯誤的行為，但卻要求我們將所有需要壓制或者阻止的必要性排除掉。真正的自我控制並不是對肌肉的控制，也不是對意志的控制，而是對先於意志出現的思想進行控制，因為只有思想才能夠讓我們產生個人的選擇與意志。當我們運用這一方法的時候，意志就不需要時刻忙於壓制某些行為，而個人的選擇也會將那些不和諧的思想趕出心靈的世界。只有當我們完成了這樣的工作，才算得上是實現了真正的自我控制。其中一個方法只是單純關於選擇的行為，而另一個方法則需要我們持續充分的發揮意志的能量。用不了多久，第一個方法就能夠讓我們將注意力釋放出來，讓自己處於一種放鬆的狀態；而第二個方法則要求我們持續的投入注意力，消耗我們的精力。第一個方法是高效的，且不會讓我們感到疲憊；第二個方法則是讓人疲憊的，並且會為我們帶來失敗或者災難性的結果。

　　如果不和諧的思想能夠在我們的心靈世界裡不受阻攔的橫衝直撞，對行為的控制很快就會變成一件不可能做到的事情。因為這樣的思想最終必然會以各種方式留下痕跡。鍋爐並沒有給蒸汽任何逃脫的機會，如果繼續保持火勢的話，火車就會轉動。此時，熟練的工程師是不會讓火箱裡的火熄掉的，只有這樣才能避免爆炸的出現。其實，這是任何人都可以做到的，即

使是那些沒有接受過多少教育的人，也能夠將所有不和諧的思想趕出心靈的世界，從而讓自己免於遭受災難性的結果。即使是這個世界上地位最低、最卑微的人，如果他們選擇這樣去做的話，也都可以實現自我控制。

真正意義上的自我控制就是讓我們遵從自我的想法，擺脫其他事物對我們的控制。也就是說，我們要從任何會喚醒不和諧思想的事情當中解脫出來。那些讓自己遭受不良心理暗示影響的人，其實在很大程度上就是因為自己沒有控制好心靈，這最後必然會讓他們無法認識到自己所處的真正狀況。按照上面所討論的原則去踐行，必然能夠讓人們擺脫環境的限制，讓自己能夠獲得身心的自由。這還能讓我們在自我控制之外，擺脫其他事情對我們的影響。

正如之前所說的，這種心靈訓練必然會幫我們建立這樣的習慣，直到最後我們根本不需要對自我的控制投入任何的注意，因為這樣的心理習慣一旦形成，就能夠自動運轉，幾乎不需要我們給予任何注意。正如當我們在寫信的時候，幾乎不會留意自己是怎麼寫的一樣。養成了這樣的習慣之後，會讓我們獲得真正的自由，擺脫其他事物對我們的控制。本章的主要內容只是為了論述一點，那就是當我們實現了真正的「自我控制」之後，自然不會去做一些錯誤的事情。即使當我們沒有意識到自己在進行自我控制的時候，也依然能夠在習慣的驅動之下來完成。

但是，我們還是要提出這樣的問題，即這樣的自由是否會讓我們做出錯誤的行為？這個問題的回答是，在我們為了獲得

這種自由的過程中付出了必要的努力之後，要想去做錯誤的事情幾乎是不可能的。因為當人們獲得了這樣一種自由，他們就會明白其中的道理。基於這樣的認知，他們不會讓自己產生任何去做錯誤事情的傾向。之後，錯誤再也不會擾亂他們的心智，因為他們已經將錯誤的思想趕出了心靈的世界。因此，完美的自我控制會讓我們感覺自己不需要控制什麼，因為我們已經自然而然的實現了這種自我控制。

這就是天真無邪的孩子所感受到的自由。當一個人朝著理想的目標接近的時候，他自然就會遠離錯誤，接近真善美，尋求完美的自由。

第四十二章
人是自我的建構者

透過之前章節的闡述，我們已經明白了一點，那就是人是自身思想的產物，人的一生完全受到自身思想的塑造與影響。如果願意，他完全可以按照自身的選擇對思想加以控制。最後，我們得出的結論也是正確的，即人透過對自身思想的控制，實現了按照自身的選擇去建構自己。

倘若我們對這些原則稍加研究，就可以發現這一結論的正確性。由此我們可知，透過對自身思想進行控制，能夠帶來無限的可能性。思想是每個人所有行動的初始行為以及原因，無論是對即時的行為還是未來的行為而言，人類所有的行為與狀況都是由思想縮聚成的。人是絕對可以控制自己的思想的。對思想這一重要的原因加以控制，就可以控制最後出現的結果，因為思想本身就是初始的原因。透過對自身思想的控制，人是可以按照自身意願去建構自己的。

誠然，對思想的完全控制取決於自身的某些品格，但是品格本身也是習慣性思想的一個結果。因此，我們完全可以按照恰當的思想實現這種改變。也就是說，對思想的控制是可以透過一種全新的管道去完成的，這能夠摧毀或者移除品格中的一些元素。這樣做只是單純的將一些令人反感的元素排除出心靈的世界，這一切都取決於我們在保持正確選擇的時候，要堅持

不懈的努力。

　　雖然我們最後可能獲得很好的結果，但獲得這個結果的過程以及狀態可能是非常簡單的。正如前面章節裡經常提到的一點：是一個人的思想決定了他做出的行為，也決定了他這些行為所具有的屬性。即使他受到外界的刺激從而改變自己的思想與觀點，但這樣的改變至少都是由他本人做出的，因此，這種改變之後的觀點依然是屬於他自己的。

　　如果按照品格一詞嚴格的意義去看，品格的改變並不是一種全面的改變，也不是一種創造性的東西。這並不是透過利用原有的物質製造一些全新的事物，也不是直接創造出全新事物本身的行為。事實上，在改變品格的這個過程中，品格本身幾乎沒有真正的改變或者出現變化。我們只是停止去做某些事情，而是選擇去做其他一些事情而已。當人們停止對某些思想進行思考的時候，就不會去做與此相關的事情。當他思考著其他事情的時候，他就會做出這樣的行為。一種思想永遠都不可能變成另外一種思想，同理，一種行為也不可能單純的變成另外一種行為。

　　說謊之人在停止了撒謊的思想之後，他就不會再說謊了。他必然會說出真話，因為除此之外，他沒有別的選擇。那些停止了關於偷竊思想的小偷是不會再去偷竊的。正是他之前的偷竊思想才讓他成為一名小偷。如果他的偷竊思想重新回到了他的心靈世界裡，他還是會繼續這種偷竊行為。如果一個人停止思考任何錯誤與不道德的思想，那麼在任何情形下，他都不會再去做一些錯誤、不道德或是罪惡的事情，因為他的思想已經

沒有不道德或者罪惡的成分了。對於所有做出錯誤行為的人來說，情況都是如此。不管是小偷還是騙子，他們都沒有改變自己或者自己身外的事情，但是他們卻有能力去停止某些思想，從而不再去做這些思想所引發的行為。這就好比心靈的一個元素被移除出去之後，被另一個元素取而代之。這才構成了自我革新的全部工作，完成了我們所謂的自我變革。

如果願意，每個人都能夠透過持續的鍛鍊，將任何類型的錯誤思想全部趕出心靈的世界，從而摧毀所有的錯誤。只有這樣，他才能夠擺脫這些錯誤套在身上的枷鎖，就好像一艘船只有將錨收起之後，才能夠在大海上自由的航行。當我們將那些錯誤的思想全部趕走之後，我們才能夠顯露出真正的氣概，展現出真正的自我，才能夠更好的搏擊人生的風浪。

當人們做到了這一點，他們幾乎就能夠不費力氣的接受真正的思想，透過對這種思想的不斷認可與理解，讓這種真正的思想變成自己的思想。之後，這樣的思想就會變成他人生的一部分，讓他的人生變得多姿多采，並徹底改變他的一生。在這種情況下，他幾乎能夠以一種全新的方式去建構自己。當一個人掌握了這樣一種方法，他在自我建構方面就幾乎不會受到任何限制了。

在這個過程中，我們只有將邪惡的東西全部趕走，將錯誤的思想全部根除，才能夠替自我改變打下一個全新的基礎。只有這樣，我們才能夠消除與此相關的許多困難。

遺傳的傾向可能會對我們遵循這樣的原則造成一定的阻礙，但這只是因為我們之前已經長期習慣了那樣的傾向而已。

第四十二章　人是自我的建構者

這些遺傳傾向並不能成為反駁這一原則的依據。我們完全可以對思想中的這種遺傳傾向進行控制，這就好比我們對其他的思想進行控制一樣，使用的方法都是一樣的，我們也完全有這樣的能力。無論這些遺傳傾向具有怎樣的特質，或者為我們帶來了多大的困難，與我們在自身的思想與行為之間的關係都是一樣的。無論這種遺傳傾向多麼強烈，最終都可以透過堅持不懈的努力，拒絕相關思想進入我們的心靈世界，最終將其徹底摧毀。還有被我們稱之為「個人性情」或者其他個人癖好的東西，無論這些個性或者癖好看上去有多麼根深蒂固或者難以消除，最終還是可以被我們消除的。我們可以消除所有讓人反感的特質，培養讓人愉悅的習慣。在這個過程中，並不存在任何所謂的命定或者做不到的事情；真正讓我們無法做到的原因，其實還是我們沒有足夠的毅力堅持下去。在人類以及人類的行為方面，有關宿命論的觀點是無比荒謬的。對人類來說，唯一的制約就是他們沒有足夠的能力對自身的思想進行控制。

某人天生就具有音樂方面的天賦，又在後天做出持續的努力，最終在音樂界獲得了輝煌的成就。第二個人天生也具有音樂方面的天賦，但他卻走上了另一條道路，讓自己的音樂天賦始終無法得到釋放，正是他改變了自己的人生。第三個人雖然天生沒有什麼音樂天賦，但他卻將一生的精力都投入到對音樂的學習中去，但他依然無法獲得像第一個人那樣的成就，因為第一個人天生就遺傳了這樣的音樂天賦。但是，第三個人所獲得的相對成就，甚至要比第一個人的成就更加讓人敬佩。

兩個人天生都遺傳了某些邪惡的天性，其中一人放縱自己

的思想，讓這些邪惡的思想最終將自己摧毀。而另一個人則勇敢的選擇走上與此相反的道路，透過對自身思想的控制，成為了一個真正具有品格的人。很多這樣的例子幾乎不為世人所熟知，是因為那些改正了自己錯誤的人都不願意展現出他們早年所存在的缺陷。其實，這個世界上並不存在所謂「天生的犯罪者」，因為這個詞語所代表的意義似乎說明了這些人根本無法控制他們與生俱來的邪惡天性，但這絕對不是這些人去做壞事的合理藉口。可是很多人會以這樣的藉口去為這些人辯護，他們認為人們應該向這些人伸出援助之手，從而幫助他們走上正確的道路。

當我們對遺傳、教育、所處環境或者過往的自我沉淪進行研究之後，就會發現這樣一個事實，那就是人自身的思想才是他做出行為的原因。當一個人放棄了某種思想之後，他也就放棄了這些思想所引發的行為。在運用這種方法的時候，我們應該將邪惡與錯誤的根源砍掉，而不是單純停留在修剪這些邪惡與錯誤所生長出來的枝葉上。當世人都明白了這個道理，將會對人類帶來多大的進步啊！他們很快就會明白，當我們的思想處於一種失控的狀態時，努力去控制自己的思想要比控制行為容易許多 —— 我們應該努力摧毀邪惡與錯誤的根源，而不是將時間與精力消耗在修剪枝葉上。

即使是後天的身體狀況，也幾乎都是由我們之前的思想造成的。正是我們對身體所持的思想影響著身體的狀況。思想就像一位國王，統治著一個國家的所有臣民以及與此相關的事物。思想，這個無影無形的東西，卻無處不在的統治著實實在

在的事物。無形的地心引力不僅控制著最細微的原子，也連結著這個地球、太陽乃至整個物質的宇宙。腦海裡掠過的一個思想可能會改變我們那個時刻臉上的表情。如果我們的某種思想變成了習慣，這種改變之後的表情可能就會持續的顯露出來。所以關於身體的一切，無論是我們走路的方式與姿態，還是站姿與坐姿，都是與我們的思想息息相關的。人並不需要受制於自身的特徵，而是要讓那些表現出來的特徵受他控制。也就是說，他的行為需要受到自身思想的控制。只有當他改變思想之後，品格才會改變——這些都是隨著思想習慣的改變而發生改變的。

透過對外在狀況與形態進行審視，我們會發現多種多樣不同類型的品格。這一切都指向了那個無影無形的心智，它不僅影響到我們臉龐的表情，還影響到我們整個身體的狀況。整個物質系統的每個事物都是如此，因為所有的改變都是按照這一始終不變的法則展開的。真正影響大腦思考的，並不是大腦顱骨的分布，而是我們的心靈活動不斷改變大腦的想法，從而影響到顱骨的位置。因此，心智能夠透過自身的活動去改變我們的整個身體。當我們對自身的心智進行很好的控制時，我們就能夠按照自身的意願去進行自我建構。因此，可以說，每個人都是自我的建構者。

不過，我們還是看到很多人在建構著一個不完整的自我，這也說明了真正明白思想與行為之間關係的人還是很少的。在少數了解思想與行為之間關係的人中，也有相當比例的人懷疑自己能夠獲得成功的可能性，從而不敢努力踐行這些法則。另

一些人則在努力了一段時間之後，因為自己的懶惰而選擇了放棄。

人是不可能畢其功於一役的。任何事情都是不可能一蹴而就的。要想真正在改變自身思想上獲得圓滿的成功，需要我們長期的堅持與訓練，只有這樣，才能夠讓我們獲得因為思想改變而帶來的持久改變。「我們一邊攀登，一邊建造石梯。」那些想要為自己建造一座輝煌宮殿的人，必須要懷著勇敢與自信的態度堅持下去。

第四十三章
完美的可能性

　　因為害怕面臨嚴重的不良後果而遠離錯誤的行為，雖然這樣的動機在人類歷史上來說是最為明顯的，但還算不上是最高階的動機，因為這只是從消極的層面去看待道德問題而已。其實，還有更高階的動機幫助我們做得更好。做正確的事情，因為它是正確的事情，這樣的行為就可以幫助我們建立正確的品格。當我們在做正確事情的時候，不要想著能夠獲得回報，而只是單純因為這是正確的才去做，這樣才算得上是最高階的動機。而這樣的動機伴隨著正確的行為，最後必然能夠讓我們獲得良好的結果。

　　樹木並不是因為要結出果實才長出葉子或者開花的，它這樣做是符合因為自身的生長需求，只有在完成了這些生長過程之後，果實才會出現。當我們遠離了不良的思想之後，最後都必然能夠獲得一些獎賞。就一棵樹來說，這樣的獎賞就是最後的果實。對人們來說，這樣的獎賞可以是薪水或者金錢。這種類型的獎賞幾乎都是人類最喜歡得到的，因為這代表著「花園裡那棵生命之樹結出來的果實」。

　　完美是所有人共同追求的終極目標，也是所有人最想要實現的目標，但很多人卻不敢對完美的結果抱有任何希望。他們從小就被灌輸了這樣的思想，認為完美超出了他們的能力範

疇，認為死神會讓人始終都無法獲得完美的結果，或者認為只有那些具有神奇力量的人才能夠獲得完美的結果。當人們持續的接受這種思想，他們就會對自身追求完美的能力產生懷疑。當然，每個人都想做得更好，獲得更好的結果。正是這種不斷提升自己的想法推動著世界進步，因為這樣的想法始終都在驅動著人類比之前做得更好。無論人類最終獲得了怎樣的成就，這樣的想法始終都走在我們的成就之前，敦促著我們不斷向前，不要停滯不前。

進步會敦促著我們獲得更大的進步，這是一個普遍性的法則，正如機械的不斷進步同時也敦促著人類更進一步的改進這些機械的功能。在這個過程中，人類可能會犯下一些錯誤，出現短暫的倒退，但是我們想要不斷前進的決心卻是與生俱來的。只要人類還存在於這個世界上，不斷向前的動力就會持續出現。

雖然人們可能依然無法完全理解這些前進動力所具有的全面意義，但這樣的想法卻包括了我們追求完美的欲望，也是我們有所成就的一種途徑，因為這能夠讓我們沿著某個方向做出持續的努力，雖然進步可能是緩慢且漫長的。我們必須事先定下自身的目標，否則任何人都不會對此感到滿意。當我們實現了逐個制定的目標，我們離最後的完美也就更近了。

長期以來，確保我們實現完美的方法都被人們忽視了，因為這一方法實在是極為簡單。沿著正確的方向，堅持不懈，堅定自己的選擇，就是這一方法的要素。實現完美不可能在短時間內做到，不可能在一天或者一年的時間裡做到，也許我們這

第四十三章　完美的可能性

一輩子都不可能做到，但從長遠來看，人類卻必然能夠實現完美的目標。人類的世界必然要不斷前進，只要人類依然存在於這個世界上，他們就最終能夠實現這些完美的目標。無論在任何時候，無論在任何地方，這種追求完美的決心與欲望最終都會開花結果。我們要深信，沿著正確方向所邁出的每一步，都會讓我們更加接近最後的終點。每一個人所做出的善行，都會點燃其他人的人生，雖然有時這樣的光芒是微弱的，但能夠指引我們邁出前進的腳步。

從某種觀點來看，人其實就是各種思想集合成為個性或者個體的動物。這樣的觀點可能不是最高尚或者最全面的看法，但的確是一個正確的觀點。在這個基礎上，如果我們對心靈的因素進行分析的話，就會發現心靈包括各種複雜的元素，但這些元素的每個部分，卻與其他部分處於一種完美的分離狀態。最終的結果可能就是我們要將這些元素區分為兩種類型，其中一種類型是由完全的善意組成的，而另一種類型則由不包含任何善意的元素組成。每個人都能夠將那些不包含善意的元素清除出去。當我們持續這樣做，那些不良的想法就會徹底消失，最後只剩下完全善意的想法。此時，我們就會展現出一種完美的狀態。

這一簡單的推論過程是完整且符合邏輯的，也說明了人是可以追尋完美的，同時還說明了一種每個人都可以追尋完美的簡單卻又必然可以實現的辦法。這就好比阿基米德所提到的槓桿，能夠用它撬動整個地球。但阿基米德所缺少的並不是槓桿，而是那個支點。更進一步說，我們每個人缺乏的正是自己

應該處於的立場。當我們沿著追尋完美的腳步前進，就會發現每一步的前進都會讓我們進入一種更純粹且神性的氛圍當中，這本身就是刺激我們更加努力的一種動力。

這就好比穿著白色衣服的人套上了一件黑色外套，但白色的衣服還是會顯露出來。當我們脫下外套，白色的衣服就會呈現在我們的眼前。最後，我們完全看不到那件黑色的外套，而只看到純白色的衣服。因此，當黑暗的不和諧思想被趕出心靈的世界之後，只剩下上帝賜給我們的純潔思想。

因為某種根深蒂固的正確道德感，無論每個人的心智處於一種多麼混沌的狀態，都是存在於每個人身上的。因此，每個人都能夠感知到，自己的狀況其實比之前要好許多。他也同樣能夠認識到，自身的一些想法其實是完全錯誤或者存在著部分錯誤的。他還能夠意識到，自己完全有能力去將某些錯誤的思想趕出心靈的世界。有能力去做某種行為，意味著我們能夠按照相同的選擇與能力繼續去做，意味著我們在需要的時候都可以這樣去做。每一次的重複都要比上一次耗費更少的精力，直到最後錯誤的思想被我們全部趕出心靈的世界，再也無法回來。

有人會說，這需要我們對自身的思想進行敏銳的分析，才能夠將那些好的思想與壞的思想分辨出來。其實，即使是那些最睿智的人，在他們進行最細膩與認真的檢查時，也很難將善與惡之間的一些微妙的東西完全分離出來。在現實的行為當中，這樣極端嚴格的分析或者辨別其實沒有太大的必要。一個人只需要將自己感知到的錯誤或者不和諧思想趕出心靈的世

界就可以了。當他真的這樣做的時候，其實就不需要對此有更進一步的感知了。當我們消除了一種錯誤的思想，其實就是我們做出的一個開端。當我們做到了這一點，不去思考那些錯誤思想的習慣就會逐漸形成。在這個過程中，我們的認知就會讓我們清楚地看到其他思想都是錯誤的，而首先出現的那種思想就會為我們帶來更多的智慧與力量，從而將之後進入心靈的錯誤思想全部趕走。此時，他就會對事情有著更為清楚與明確的認知。這樣做可能需要持續一段時間，但將自身感知到的思想趕出心靈世界的行為，卻是可以立即去做的。因為只要我們堅持之前提到的方法，就能夠將每一種可能出現的邪惡想法都趕走，最後讓心靈只留下那些絕對善意的思想 —— 也就是說，我們只留下最完美的思想。

因此，在現實的操作上，我們幾乎無法就此做出一個完全準確的劃分，將所有積極的思想放在一邊，將所有消極的思想放在另一邊。其實這樣做對我們實現成功本身並沒有太大的作用。事實上，我們沒有能力去做如此精確的區分，這也許是一種好處。特別是考慮到龐大的工程量，放棄這樣的努力可以為我們節省許多時間。除此之外，我們可以更加輕易的解決某個小問題，而不總是從整體上解決問題。當我們成功的解決了某個問題，會為我們帶來智慧與經驗，從而更好的解決下一個問題。當我們不再對好與壞的思想進行過分嚴苛的分析，我們就會發現這一切原來是非常簡單的，騰出來的精力可以讓我們更好的在教育或者哲學層面上獲得成就。所有這些努力就構成了我們在道德層面上的進步，讓我們離完美的目標更進一步。

在自然知識之外的領域，其實並不存在任何神祕、超自然或者奇妙的東西，也不需要我們有多少智慧或者神奇的分析能力才能夠對此有所了解。這只需要我們有意識到錯誤的能力，並且有下定決心遠離錯誤的能力。透過日常的訓練，我們就會發現，我們能夠將錯誤的東西清除出去，並讓自己相信以後也可以繼續這樣做。每當我們獲得了一些進步，就會發現它為我們帶來積極的影響。但這樣的事實也告訴了我們一點，那就是我們完全有能力邁出下一步。前方的道路是筆直的，這個簡單的道理是每個人都可以理解的。每個人都可以沿著這條道路前進，因為他們都能夠改變自己的思想，至少能夠改變自己做出選擇的方式。當他這樣做了一次，他就能夠做第二次。這意味著人們能夠實現絕對完美的目標，因為他們透過選擇去改變自身的思想，透過堅持這些思想，必然能夠讓自己徹底遠離所有罪惡、不道德或者錯誤的想法。當他真正做到這一點，他的思想就會處於一種正確狀態，他的行為也會變得正確。當所有人都能夠做到這一點，所有的錯誤就會消失。

這一思想看上去可能讓人覺得遙不可及，但其實是非常實用的思想，能夠運用在生活的各個方面。這種思想不會影響我們追求任何有價值的事業，也不會影響我們前進的速度，而只會讓我們的每一種行為都變得更加純粹。它不會讓任何男人失去男子氣概，也不會讓任何女人失去女人味，而只會讓他們變得越來越好。男人會活得更像一個男人，女人則活得更像一個女人。即使我們只是向目標邁出了一小步，但最終必然會實現那個目標。

第四十三章　完美的可能性

　　耶穌基督曾說過這樣一句話：「任何踐行上帝意志的人，都將知道這樣的信條。」（即無論是誰，只要他想要去做正確的事情，就能夠做到，因為上帝的意志是絕對正確的。）這句話同樣展現了他的絕對正確性，因為無論是誰這樣做，他們都是想要去做正確的事情。他們在這個過程中必然會努力的實現這個目標，當他實現了一個目標之後，就會繼續努力去做他認為正確的事情。當他知道什麼是正確的信條之後，就會想著怎樣去實現這樣的信條。很多人之所以失敗，是因為他們經常進行自我欺騙，認為自己是在做上帝認為正確的事情，但事實上他們卻暗中埋下了錯誤的思想。他們並沒有去追尋正確的東西，因此最終失敗了。但即使他們失敗了，這樣的失敗也是暫時的，因為他們最終都會看到這些失敗，並且加以改正。任何人在犯錯之後，幾乎都有改正的機會，從而讓自己變得更好。想要追求更加美好事物的想法會幫助我們度過所有的失敗，朝著目標不斷前進。只有當我們真正實現了目標之後，這樣的願望才會停止。

　　旅行者在旅途中到達了一個地方之後，通常會覺得自己失去了繼續前進的動力，這樣一個地方可能就是他之前所設定的前進目標。不過，一旦他到達了這個地方，他的視野就會變得更加清晰，他會發現道路在腳下繼續延伸出去，一直到遠方。他的腳會始終沿著前方的道路繼續前進，因為前方的景色與未知始終都會吸引著他前進的腳步。這也許只是一段不那麼漫長的道路，可能向左轉或者向右轉，但是他始終都能夠感受到光芒照耀著他。當他真正能夠沿著正確的目標前進的時候，他就

能夠感受到之前從未感受到的力量，他會發現光芒在遠處持續的閃爍著，吸引著他不斷邁出前進的腳步。這就是任何有意義的思想所具有的必要元素。這些思想催促著我們努力前進，一旦我們實現了這些目標，就會想要繼續前進，努力以更好的方式追尋下一個更加偉大的目標。

那些始終懷著認真的態度追尋正義或者真理的人，必然能夠拋棄之前錯誤的觀點，去追尋自己認為正確的思想與觀點。這樣的人勇於做正確的事情，因為他們始終都能夠看到前方更遠處的美好景色。其實，對每個人來說，真正的危險就在於很多人缺乏足夠的勇氣前進，不敢邁出人生的第一步。無論在任何時候，我們都不應該感到沮喪，我們深知自己能夠比現在做得更好。我們知道自己在下一次的時候能夠比現在做得更好。實現了一個理想，會讓我們看到另一個更加神性的理想，讓我們看到自身更加強大的潛能。每個人都是需要按照自身的意願與希望不斷前進的。上帝賜給我們每個人這樣的能力，因此每個人都應該充分發揮上帝賜予的潛能，只有這樣，才符合上帝創造出來的秩序。

很多時候，人類都在身外的事物中徒勞的尋找著青春的泉源。其實，青春的泉源就在我們身上。「內在的歡樂與美德才是人生中最重要的事物。」如果我們不被野草般蔓延的不和諧思想所影響，美麗的花朵就能夠在我們的心間綻放，從而由內到外的表現出來，最終讓我們過上一種永恆的生命。

每個人的身上都有一種神性的火花。如果一個人始終按照絕對正確的方向前進，他的行為是絕對不會失去指引與動力

第四十三章　完美的可能性

的。他根本不需要等待，而會選擇立即動身，懷著必勝的信念，朝著絕對完美的人生目標前進。當我們實現了某個階段的完美，將所有的困難與障礙都踩在腳下，就會發現上帝創造的無限宇宙所具有的美感與榮光，因為這樣的完美事物會以無限多樣的形態呈現出來。當我們置身在那樣的環境中，就絕對不會缺乏對身邊事物的興趣。我們需要做的，就是按照自身的選擇去工作。因為上帝所創造出來的美感會以多樣的方式呈現出來，而人類也能夠在這樣一個無盡的旅程中感受到持續的榮光。

跋

　　沒有比威廉·R·阿格一本書裡的這段話更適合做本書的結語了：現在，我們還有最後一課需要上，就是學習最重要的道理──運用我們所學的一切知識。除非我們能夠掌握這一課，並且按照這樣的道理去做事，否則其他的任何理論都將失去本質的榮耀。在我們所經歷的事物中，唯一具有生命力的目標或者結果，就是能夠在現實生活中按照這些方法去踐行，從而豐富我們的靈魂，修正我們的思想與熱情，提升生活。當我們按照自身具備的知識去做，就會讓我們的人生閃出光亮，使之變得具有神性。

官網

國家圖書館出版品預行編目資料

心智與思想控制：無意行動、催眠控制、身體態度、焦慮習慣、道德辨別，心理學大師亞倫‧克萊恩談行為與思維 / [美] 亞倫‧克萊恩（Aaron Martin Crane）著，孔謐 譯 . -- 第一版 . -- 臺北市：崧燁文化事業有限公司，2023.03
　面；　公分
POD 版
譯自：Right and wrong thinking and their results
ISBN 978-626-357-228-7(平裝)
1.CST: 思考 2.CST: 思維方法
176.4　　112003121

心智與思想控制：無意行動、催眠控制、身體態度、焦慮習慣、道德辨別，心理學大師亞倫‧克萊恩談行為與思維

臉書

作　　　者：[美] 亞倫‧克萊恩（Aaron Martin Crane）
翻　　　譯：孔謐
發 行 人：黃振庭
出 版 者：崧燁文化事業有限公司
發 行 者：崧燁文化事業有限公司
E - m a i l：sonbookservice@gmail.com
粉 絲 頁：https://www.facebook.com/sonbookss/
網　　　址：https://sonbook.net/
地　　　址：台北市中正區重慶南路一段六十一號八樓 815 室
Rm. 815, 8F., No.61, Sec. 1, Chongqing S. Rd., Zhongzheng Dist., Taipei City 100, Taiwan

電　　　話：(02)2370-3310　　　傳　　　真：(02) 2388-1990
印　　　刷：京峯彩色印刷有限公司（京峰數位）
律師顧問：廣華律師事務所 張珮琦律師

-版權聲明-

定　　　價：375 元
發行日期：2023 年 03 月第一版
◎本書以 POD 印製